LETTRES SUR CAMBRAI.

LETTRES

SUR

CAMBRAI,

par

EUGÈNE BOULY.

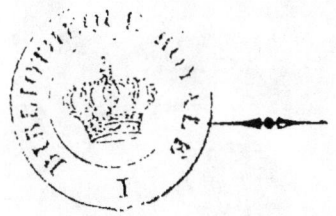

𝕮ambrai.

—

M.DCCCXXXV.

Cambrai. Imp. de J. Chanson.

1

Première Lettre.

CAMBRAI, PREMIERS TEMPS, PREMIERS PRINCES.

C'est une chose utile à connaître que l'histoire de son pays. L'esprit national a enfin donné au souvenir de nos pères une place digne d'eux dans les études du passé ; nous ne nous bornons plus à admirer, de confiance et sur la foi d'écrivains, souvent fort suspects, les nations qu'il a plu à Dieu d'effacer de la terre : nous avons aussi songé à nos devanciers dans notre vieux pays, et nobles enfans d'une noble lignée, nous nous plaisons aujourd'hui à déchiffrer les premières pages de ce livre de famille où s'écrivent chaque jour de nouveaux feuillets.

Je crois donc, mes amis, devoir céder aux instances de plusieurs d'entre vous, en vous traçant, dans cette lettre et celles qui la suivront, une esquisse rapide de l'histoire de notre bonne cité. Je suis vieux, et vous le savez, la vieillesse est conteuse. Accordez-moi l'indulgence que l'on doit au dernier âge, quand les souvenirs, déjà chancelans, deviennent pourtant la plus belle part de l'existence. Mais parler de la patrie, c'est parler de ce que tout le monde aime, jeunes et vieux, grands et petits. J'ai donc quelque espoir de plaire, quelques chances d'intéresser.

Je vais vous montrer Cambrai, l'aventureuse héroïne, d'abord enfant perdu dans les brumeuses vapeurs de la Flandre, fixant bientôt l'attention d'un César, briller enfin d'un éclat tout royal. Vous l'admirerez le front ceint de créneaux, attendant, dans une attitude guerrière, des hordes de barbares qui viennent se briser contre sa cuirasse de fer. Alors vous la verrez, intrépide et légère amazone, poursuivre de ses traits, dans la plaine, les restes épars de ses fougueux ennemis, puis victorieuse mais humble, les pieds nuds, le rosaire à la main, allant rendre grace de ses succès à Notre-Dame et St-Géry. Mais plus tard l'enfant rebelle se révoltera contre ses pairs, contre ses chefs, un cri d'affranchissement retentira dans son sein, une lutte s'engagera, riche de succès et de revers. Souvent insoumise, toujours joyeuse, traitant d'affaires d'état en habit de carnaval, traitant en robe monastique d'affaires de plaisir, nous la verrons alternativement turbulente et agenouillée, sous le joug des rois et des prêtres, espagnole et française, jusqu'à ce qu'un pouvoir, immense et uniforme, l'enveloppe avec le reste de la France, dans ses vastes réseaux, au bruit des chaînes qui se brisent... au bruit des fers que l'on rive !

Je n'ai ni la capacité, ni l'intention d'écrire une histoire détaillée, histoire qui reste encore à faire, ou du moins à bien faire et qu'un de nos savans concitoyens se propose de nous donner un jour. Je le répète, je veux conter, conter comme je le ferais au coin du feu, à mes petits enfans groupés autour de moi. Qu'on n'attende donc pas un étalage d'érudition qui serait au-dessus de mes forces; je dirai naïvement ce que je sais, et cela suffira sans doute aux personnes qu'effarouchent les rigoureux calculs de la chronologie. Dans mes lettres quelques dates viendront simplement rattacher aux siècles auxquels ils appartiennent les événemens qui y seront rappelés. Je planterai des jalons, et non des palissades. Or j'ai donné mon programme, écoutez, mes amis.

Autrefois, il y a de cela longues années, car c'était avant le temps de Pharamond, sur l'une de ces chaussées qui traversaient le pays des Nerviens, et dont on trouve encore aujourd'hui des vestiges sous le nom de chaussées *Brunehaut*, le voyageur rencontrait une solitaire bourgade, attachée au penchant d'une colline. Les maisons rares et mal bâties s'élevaient çà et là, parmi de nombreuses carrières qui servaient elles mêmes d'asile à des habitans demi barbares. Plus haut des restes de forêts Druidiques, vouées au culte d'Odin, jetaient à ces humbles demeures leurs ombres menaçantes et mystérieuses; plus bas de grands marais arrosés par l'Escaut offraient, dans leurs roseaux déserts, une retraite aux cignes passagers dont le blanc plumage brillait au loin de tout l'éclat d'une belle neige.

Cette bourgade pittoresque, c'était Cambrai.

Quels en furent le fondateur et les premiers destins ? C'est un mystère qui probablement nous est échappé à jamais. Les historiens primitifs qui n'en ont vu l'origine, qu'à travers les épais brouillards du pays, se sont laissés prendre à des visions indécises et fantastiques ; mille contes bizarres ont été le résultat de leurs recherches : le merveilleux a présidé long-tems aux premières lignes de leurs récits.

Enfin las de nous faire tour-à-tour, de par leur magique autorité, Romains, Cimbres, Troyens, etc, ils se sont résignés à nous laisser pour ce que nous sommes, déclarant seulement que le nom de Cambrai vient du nom d'un général de Huns appelé *Camber* ou *Cambro*, ou du mot latin *Camera*, voûte, carrière, à cause des immenses carrières qui existent encore trop ignorées sous la ville et dans ses environs.

Cambrai a eu quelques rois : Clodion, le premier, en prit le titre, lorsque fatigué de promener au hazard sa gloire aventureuse, et jaloux de donner à sa couronne un abri moins mobile que celui des camps, il vint l'enlever (416) aux romains qui en avaient fait leur principale citadelle. Alors Bavai n'existait plus que par de tristes vestiges, et de grands souvenirs.

La ville royale devint, de droit, le chef-lieu des conquêtes de Clodion; c'est-à-dire du Brabant, de l'Artois, du pays Flamand, etc. Des écrivains prétendent que ce prince qui mourut quelques années après, fut inhumé dans l'un des vastes souterrains dont je parlais tout à l'heure.

Je passerai rapidement sur des événemens que les contradictions des chroniqueurs rendent obscurs et douteux. Beaucoup d'ailleurs se rattachent à l'histoire de notre vieille France ; c'est là qu'il faut les lire. Seulement pour ne pas laisser une lacune dans ces lettres, je nommerai Merovée qui jeté hors de Cologne par Attila, trouva dans Cambrai un refuge contre le fléau de Dieu. — Childeric son fils, qui demeuré en possession du royaume de France, fut chassé de ses états par le peuple irrité.

Alors régnait à Cambrai, en vertu de titres fort douteux, un puissant seigneur nommé Rancaire, qui se prétendait fils de Clodion, et qui contribua avec nombre de princes voisins à rétablir Childeric sur son trône. Ce dernier replacé au rang des rois, en comprit mieux les devoirs, et chassa de Cambrai Rancaire sujet rebelle plutôt que prince légitime, pour les cruautés qu'il y exerçait.

La reconnaissance traçait peut-être à Childeric une conduite plus indulgente, mais la reconnaissance n'est pas une vertu de rois.

A la mort de Childeric, parut à la suite de Clovis, et comme général de ce grand prince, Ranacaire fils de Rancaire. Quand l'époux de Clotilde courba religieusement le front, et adora ce qu'il avait brûlé, Ranacaire se révolta contre son chef, et, à la tête d'un corps de troupes, se réfugia dans Cambrai où des cruautés et des violences semblables à celles de son père, signalèrent son passage.

En horreur à la ville qu'il opprimait, environné de traîtres et de parjures, Ranacaire ne tarda pas à être livré à Clovis qui le tua de sa propre main. Alors Cambrai retomba au pouvoir du premier roi chrétien, dont les mesures énergiques firent taire tous les prétendans au *royaume* de cette ville. Il n'y eut plus de rois de Cambrai.

C'est vers cette époque que sous la protection de Clovis et d'après l'ordre de St.-Remy, Waast parut dans nos contrées, pour y prêcher le christianisme que le séjour des barbares y avait presque anéanti.

Par ses soins une église fut bâtie hors de l'enceinte de la ville, et dédiée à St.-Pierre, plus tard elle prit le nom de St.-Aubert, qu'elle conserve encore aujourd'hui. Elle a porté long-tems le titre honorable de mère des églises de la ville.

Les prédications des missionnaires chrétiens furent couronnées de succès : à la voix de Géry, l'un des premiers successeurs de St-Waast, les bosquets sacriléges qui dominaient la cité, tombèrent sous la hache religieuse. Ces vieux chênes, enfans du paganisme écrasèrent dans leur chute des idoles méprisées, et sur cette montagne jadis trempée de sang humain, alors chargée de ruines, s'élevèrent un temple au vrai Dieu, un asile à la piété, des autels à l'espérance.

Et plus tard, les murs sacrés du monastère se transformeront en courtines et en bastions, le son de la trompette remplacera celui de la cloche, aux pieux cantiques succéderont les chansons de guerre, et à la pâle clarté de la lune, l'homme d'armes veillera, sur de sombres remparts, en cet endroit où une lampe suspendue éclairait la mystique méditation du moine, et les saints exercices du pénitent.

Géry dédia son monastère à St-Médard, et fut inhumé dans l'église de cet édifice. Son tombeau fut orné d'un travail en or de très grand prix.

On raconte qu'une nuit le sacristain fut averti en songe par St-Géry, qu'un voleur était entré dans le sanctuaire pour dépouiller le riche tombeau. Le brave sacristain se lève, et, guidé par une lumière miraculeuse qui poursuit le malfaiteur dans l'ombre, le saisit et prévient la dévastation du tombeau. Heureusement pour les voleurs, St-Géry ne fait plus de semblables miracles.

Un tableau fort ancien, qui existe encore aujourd'hui dans une des salles de notre Hôtel-de-Ville, représente cette scène miraculeuse.

Après Clovis, Cambrai qui n'eut plus de rois proprement dits, fut, par une suite bizarre d'événemens, contrainte de reconnaître successivement pour maîtres :

Chilpéric qui y fit de longs séjours.

Clotaire qui enrichit ses monastères.

Dagobert, roi libertin, qui rachetait ses péchés par de pieuses libéralités, et qui, docile aux avis de St-Aubert, se fit le bienfaiteur de la cathédrale de Cambrai. Cette église n'était pas alors ce qu'elle fut depuis : une des plus belles basiliques du royaume, un chef-d'œuvre d'architecture gracieuse, élégante et hardie. On peut voir sur ce sujet l'intéressant ouvrage de M. Le Glay.

Sigebert, roi fainéant, sous le règne duquel Pépin, maire du palais, parut plus d'une fois dans Cambrai, dont il couvrit les autels de richesses et les murailles de soldats, pour résister aux aggressions de ses rivaux.

Ebroïn, autre maire du palais, devenu moine par frayeur, soldat par ambition, et maître de Cambrai par droit de guerre ; qui y massacra la garnison de Pépin d'Héristal, ruina le peuple et le clergé, se gorgea de sang et finit par mourir assassiné, laissant de nouveau la ville au pouvoir de Pépin.

Charles Martel, qui après avoir défait Chilpéric sur les rives de l'Escaut, se rendit maître de Cambrai.

Pépin-le-Bref, l'un de ses fils, qui fit élever à Cambrai plusieurs églises et s'y concilia la bienveillance du clergé.

Enfin Charlemagne, ce grand roi que l'on rencontre dans l'histoire, comme une étonnante apparition, traînant après soi toutes les illustrations, tous les prestiges de la gloire et de l'amour.

Cambrai fut honorée des faveurs de ce grand monarque. De riches monumens, des tours et des murailles attestèrent la générosité du roi qui y tint plusieurs assemblées, et y établit un gouverneur nommé Eude.

Après Louis-le-Débonnaire, successeur de Charlemagne, Cambrai devint le point de réunion des forces de Lothaire, fils ingrat, frère ambitieux qui voulut régner seul, à l'exclusion de toute sa famille; et qui, par ses dissentions fut cause d'une incursion de barbares en France.

A ces désordres civils, à ces révolutions royales, se joignait un esprit général d'usurpation et d'impiété. Les seigneurs, dépouillés de leurs biens s'en dédommageaient en dépouillant le clergé, les églises de Cambrai eurent alors beaucoup à souffrir. Il est vrai que de tems à autre, touchés de repentir, ou effrayés par de prétendus miracles, ces nobles usurpateurs fesaient amende honorable, et restituaient les biens qu'ils détenaient injustement.

De naïfs écrivains rapportent à cette époque la merveilleuse histoire d'un chevalier de Cambresis qui paya cher des relations qu'il avait eues avec les gens de l'autre monde. Maintenant cela ne se verrait plus; depuis long-tems on est impunément camarade du diable. Ce seigneur, disent-ils, avait chez lui un temple mystélieux habité par un être surnaturel nommé Truandre, qui le poussait au mal, par de perfides conseils. Avare, cruel, ambitieux, l'impie chevalier mettait à contribution prêtres et laïcs. Des démons secondaires lui servaient de percepteurs, et par leurs horribles transformations, effrayaient les pauvres contribuables, qui les voyaient d'abord ramper dans des corps gluans de grenouilles, puis bientôt grossir, se couvrir de poils velus, et bondir comme des taureaux furieux. Menaces, gestes, coups de fouets, la bande infernale d'huissiers et de recors n'épargnait rien pour percevoir les deniers. Vous pensez bien, mes amis, que les douzièmes étaient payés exactement.

Mais le chevalier ne jouit pas long-tems de ses infâmes trésors, il passa de vie à trépas, sans repentir ni pénitence. Néanmoins comme il avait été riche, on était sur le point de l'inhumer avec pompe, lorsque l'évêque Thiéry le fit porter, hors de la ville dans un champ voisin du gibet. Il n'y fut pas plutôt enseveli, que la terre qui le recouvrait s'alluma et y brûla de flammes si vives, si dévorantes, que durant trois années, des pluies abondantes et presque continuelles ne les éteignirent point. De noirs esprits y jetaient sans cesse des alimens résineux et des bandes de damnés y dansaient des rondes infernales.

Enfin un ancien vassal du chevalier fit pour lui pénitence, les flammes s'éteignirent, et l'herbe parut sur sa tombe.

Charles-le-Chauve demeuré seul maître du royaume de son père, eut à le protéger contre les Normands qui en avaient pour ainsi dire fait leur proie. Dans ces graves conjonctures l'Empereur tint plusieurs assemblées, entre autres une à Cambrai, dans laquelle chaque province Belgique reçut un chef particulier, sous le titre de comte, afin de rendre la défense du territoire plus spéciale, et par suite plus efficace. C'est alors que paraissent pour la première fois les véritables comtes de Cambrai, quoique plutôt d'ambitieux seigneurs aient prétendu en revêtir le titre.

Je terminerai cette lettre par quelques mots sur les mœurs de nos pères. A cette époque, comme depuis lors, ils furent toujours gais et joyeux bourgeois; bons, francs, hospitaliers; le jour, laborieux à l'ouvrage; le soir, bruyans à la taverne; surtout amis des fêtes et de la liberté. Aussi les voit-on souvent en guerre contre leurs évêques, tantôt battans, tantôt battus; du reste religieux, généreux et sans rancune. C'est avec plaisir qu'on retrouve encore aujourd'hui dans quelques familles patriarchales de notre vieille cité, les mœurs primitives que je viens d'esquisser.

2

Deuxième Lettre.

Comtes de Cambrai. — Les Normands. — Les Hongrois. — Affranchissement des Communes. — Le Comté dévolu aux Évêques. — Quelques mots sur la ville.

La funeste concession par laquelle Charles-le-Chauve avait rendu héréditaires les comtés de ses principales provinces, fut la cause première de tout le système féodal. Les comtes préludant aux rivalités chevaleresques qui ont jeté sur leurs armes un reflet si coloré, ne tardèrent pas à se rendre redoutables par leurs aventureuses entreprises, par leurs habitudes guerrières. Plus d'une fois leurs glaives menaçans firent trembler les descendans de Charles-le-Chauve, trop souvent ils furent tournés contre eux mêmes.

La vaillance des comtes de Flandre, ne mit pas le pays à l'abri des Normands. Ces barbares venus du Nord (881) ravagèrent tout sur leur passage, et deux fois mirent Cambrai à feu et à sang. Le temple de St-Géry fut pillé et réduit en cendres ; plus tard il fut réédifié par Reigner, comte de Hainaut.

Vers cette époque, la ville prit une plus grande extension : Dodilon, l'un de ses évêques en augmenta l'enceinte, de sorte que le monastère et l'église de St-Aubert se trouvèrent enfermés dans les nouvelles murailles (882). Je ferai remarquer cependant, que les remparts ne s'étendirent pas alors jusqu'à la porte actuelle de Cantimpré, car l'abbaye de ce nom beaucoup plus rapprochée du centre de la ville, que la porte dont nous parlons, a fait elle-même, d'abord partie des faubourgs.

On ne remarque aucun autre événement important pour Cambrai, sous les règnes de Louis-le-Bègue et de son fils, de Charles-le-Gros, de Eudes et de Charles-le-Simple, jusqu'à Rodolphe qui se fit comte de Flandre, qui se serait fait volontiers comte de tous les pays, et qui fut battu par Herbert de Vermandois dont il voulait usurper les domaines (903). Ce fut Cambrai qui paya les frais de la guerre, et le vainqueur irrité se vengea sur le peuple des insultes du prince. Représailles fort logiques dont on fait encore usage tous les jours !

Des querelles particulières de comtes et d'évêques, des intrigues de cour, des jeux de grands seigneurs remplissent abondamment la période que je viens de traverser et à laquelle je ne m'arrêterai pas ; car, je veux, mes amis, vous faire l'histoire de notre ville, de nos pères à nous, et non celle des princes que depuis long-tems le burin a gravée sur des tables de bronze.

Cependant, pour donner une idée des mœurs guerroyeuses de ce

tems-là, je citerai le comte Isaac, fesant dans Cambrai, et de la meilleure foi du monde, la guerre à son évêque Fulbert, à l'occasion d'une abbaye, dont l'un et l'autre voulait toucher les revenus. Dans cette affaire, chacun avait ses partisans ; de là des querelles sanglantes entre les gens du comte et ceux de l'évêque, lorsqu'ils se rencontraient dans les carrefours ou dans quelque joyeuse taverne. Enfin le comte imagina un moyen très commode de mettre fin au différent, et pria poliment l'évêque de vouloir bien lui abandonner la ville en déguerpissant lui et ses gens. L'évêque d'abord effrayé, promit de se retirer pendant la nuit afin d'éviter les railleries du peuple, car le peuple pour les horions que tout cela lui apportait, prenait du moins parfois le droit de rire. Isaac crut la partie gagnée : mais le banni, loin de songer à la retraite, assembla en cette nuit tout ce qu'il avait de partisans, et le lendemain, se trouva en état de prendre une plaisante revanche en chassant le comte qui ne s'attendait guère à pareil tour.

Exilé pendant quelque tems, le comte rentra bientôt vainqueur pour vivre, comme auparavant en fâcheries avec son évêque, jusqu'à ce que l'empereur Othon, qui alors était reconnu pour maître fit cesser le procès en donnant gain de cause à l'évêque.

C'est sous l'épiscopat de ce Fulbert (953), que les Hongrois, le fer et le feu à la main, vinrent écrire sous les murs de Cambrai, une des pages les plus dramatiques et les plus glorieuses de notre histoire. Dans ce siége mémorable, les Cambrésiens firent preuve d'un courage et d'une intrépidité extraordinaires. Les ennemis débutèrent par le pillage et l'incendie des faubourgs ; mais là se bornèrent leurs succès, car la valeur des assiégés les força bientôt à la retraite. Ils allèrent dresser leurs tentes à quelque distance de la ville, dans des prairies arrosées par l'Escaut, pour y prendre repos et nourriture, et de là revenir au siége abandonné. Or, dans les entrefaites, le neveu du roi fut enlevé par les assiégés qui firent une sortie, et sa tête fichée au bout d'une pique, parut sur les murailles à la vue de toute l'armée ennemie. A cet horrible spectacle un long cri de fureur et de vengeance retentit chez les barbares, qui revinrent à la charge plus terribles, plus menaçans que jamais.

Ce fut une affreuse scène que ces flots d'ennemis qui venaient se briser contre nos murailles, que ces bourgeois intrépides et courageux qui soutenaient en ce moment une question de vie ou de mort, que ces femmes éplorées, que cet évêque qui courait des autels aux remparts, priant Dieu, et soutenant ses soldats; que ces cris, ce tumulte, ces efforts d'une rage tantôt victorieuse, tantôt succombante, que cette tête sanglante, au regard terne et mort, qui s'élevait au dessus de cette foule d'hommes, comme un présage de destruction, comme une enseigne de cimetière.

Enfin les assiégeans voyant que leur colère ne pouvait rien contre les remparts de la ville, songèrent à diriger leurs traits enflammés sur la plus belle église. En un instant une pluie de feu vint menacer le saint monument d'un embrasement inévitable, si un clerc, nommé *Séralde*, n'eut eu le courage de monter sur le toit au travers de ces foudres humaines, pour éteindre l'incendie sans cesse renaissant. C'est ainsi qu'à la vue des Cambrésiens altérés, et de l'armée entière des Hongrois, le temple de Notre-

Dame, semblait reposer en paix, sous les grandes ailes étendues d'un protecteur surnaturel.

Cette action héroïque ranima le courage des assiégés et déconcerta celui de l'ennemi qui, se retirant la rage dans le cœur, laissa pour gage de ses fureurs, un monceau de ruines au lieu où s'élevait naguerre la belle et élégante église de St-Géry.

Le pauvre Fulbert ne survécut pas long-tems à ce triste événement. Il eut pour successeur Bérangaire parent de l'empereur Othon. Ce Bérangaire était un fort méchant personnage pour un évêque, aussi les Cambrésiens dont le caractère fut toujours un peu porté à la révolte, prirent-ils pendant une absence de ce prélat la résolution de lui refuser l'entrée de la ville à son retour.

Mais celui-ci ne revint pas seul, il se présenta escorté de façon à ne pas trouver les portes fermées. Prudemment donc, messieurs les bourgeois reçurent Bérangaire, qui n'oublia pas l'accueil impoli qu'on avait voulu lui faire. Car quelques tems après, il appela en secret des troupes alliées, et fit charger les bourgeois jusque dans le monastère de St-Géry où ils se réfugièrent. La sainteté du lieu ne les protégea pas; les troupes de l'évêque y pénétrèrent en armes, et exercèrent sur ces malheureux des cruautés inouies, en leur donnant la mort, en leur coupant les mains et les pieds, leur crevant les yeux, les marquant au front d'un fer rouge, etc. Enfin l'évêque, fier d'une si belle victoire, fit, des lances arrachées aux vaincus, un honteux trophée qu'il envoya à sa campagne de Béthancourt alors habitée par plusieurs de ses officiers.

Sans entrer dans aucune discussion, — ces lettres ne le comportent pas, — sur la date probable de l'établissement de la commune à Cambrai, je hasarderai, quoiqu'avec défiance, de le fixer à l'époque de cette insurrection dont il aurait été le motif. En effet les Cambrésiens voulurent alors se gouverner et se rendre justice par eux mêmes; c'était là un essai d'affranchissement, un prélude hardi des libertés populaires, et il fallut nécessairement une institution qui les garantît. Mais ces nouvelles franchises, si elles existèrent, ne durèrent que quelques jours, et s'éteignirent dans le sang des insurgés. C'est pour cela que plus tard à l'avénement de Gérard II, les historiens nous parlent de nouvelles tentatives d'affranchissement de la part de nos pères.

Heureusement pour les Cambrésiens, le malfesant évêque ne vécut pas long-tems : St-Géry leur zélé protecteur lui apparut par une belle nuit, et après lui avoir fait son procès, l'assomma à coups de bâton, à la grande satisfaction du bon et pauvre peuple. Notre vieux chroniqueur Baldéric ajoute : *certa res est*, la chose est certaine !... il n'en doutait pas, lui !

Engrand, moine de Corbie, Ansbert, Wibold et Tetdon furent successivement élus évêques de Cambrai. Il est bon de remarquer en passant, qu'en ce tems-là, les prélats étaient élus dans de nombreuses assemblées, par le clergé et le peuple réunis : une sanction supérieure venait seulement ratifier l'élection.

Après Tetdon qui eut de graves démêlés avec le châtelain de Cambrai, Jean, le siége épiscopal demeura vacant pendant un court laps de tems, qu'un prétendu protecteur provisoire mit à profit en pillant le clergé et les laïcs.

Enfin Rothard fut élu, et parvint, par sa prudence, à calmer l'esprit insurrectionnel des bourgeois de Cambrai, et par son énergie, à délivrer les environs de la ville des saccages d'un étranger qui y levait des impôts. Pour cela l'évêque déposant la mître, revêtit l'armure du soldat, et à la tête d'une petite armée que lui avait fournie Arnould, comte de Cambresis, alla détruire une forteresse construite par l'ennemi à peu de distance de la ville. Ce fait d'armes lui valut la reconnaissance et l'amour de tous les citoyens.

Les comtes de Cambrai eurent long-tems à soutenir des guerres contre leurs voisins et les étrangers, pour conserver des droits ou protéger le pays. Au reste, il est à remarquer que pendant les funestes guerres que se fesaient, pour le trône de France, des prétendans dont les titres incertains laissaient tout en question, il est, dis-je, à remarquer que presque toujours Cambrai tomba alternativement au pouvoir des uns et des autres; dangereuse et fatale situation qui souvent la chargea de ruine et la baigna de son propre sang.

Les comtes de Flandre vécurent presque en hostilité permanente avec elle.

Le clergé surtout y endura de cruelles vexations, et souvent sa fortune fut compromise, quelquefois même anéantie. Ennemis, alliés, concitoyens, tous puisaient à ses trésors pour satisfaire leur avarice ou réparer leurs pertes. Plus d'une fois les ornemens sacerdotaux furent vendus au profit d'impies qui n'y voyaient que des objets de commerce; plus d'une fois les prélats et leur suite furent obligés de chercher au loin un abri contre de féroces aggresseurs.

En général l'autorité civile traitait fort mal la puissance ecclésiastique : c'est ce qui, après la mort d'Arnould comte de Cambrai, engagea l'empereur Henri d'Allemagne à transférer pour l'avenir la dignité de comte à l'évêque et à ses successeurs.

Herluin, évêque de cette ville, chassé par Beauduin, protégé et ramené par Henri, reçut (le premier) de ce prince le titre de comte de Cambresis (1007).

Cette autorité n'arriva pas à l'évêque en vertu de violences et en fraude de droits acquis. Toutes les familles qui auraient pu y prétendre en firent l'abandon solennel, et prêtèrent de plein gré serment au nouveau comte.

Herluin fit battre monnaie, droit que ses prédécesseurs s'étaient déjà arrogé.

Parmi les successeurs d'Herluin, le bon évêque Gérard nous apparaît comme un génie bienfesant, qui délivre nos ancêtres d'une multitude de vexations de la part des grands seigneurs, enrichit les églises, embellit les monumens, et entreprend la reconstruction générale de l'antique et chancelante cathédrale de Cambrai. On dit que ne sachant où trouver des pierres propres à cette grande entreprise, il se mit en oraison avec son peuple, et qu'à l'instant Dieu lui révéla de magnifiques carrières au village de Lesdain.

Du tems de Gérard, une famine épouvantable désola la France, et fut telle, dans Cambrai, que les cimetières *intra-muros* se remplirent, et devinrent en peu de jours, des charniers tièdes et demi palpitans. Il fallut en bénir un nouveau hors de la ville, au milieu duquel l'évêque fit élever une petite chapelle, sous le nom et en souvenir du St-Sépulcre. Telle est l'origne de la belle abbaye dont l'église nous sert aujourd'hui de Cathédrale.

Cambrai, dans ce siècle, était en saison de malheur, car à la guerre civile et à la famine, succédèrent plusieurs incendies, dont l'un dévora l'église entière de Notre-Dame, et tout le quartier voisin.

Plus tard, un mauvais génie apparut à son tour : le comte Robert de Flandre, qui vint menacer la ville d'une dévastation complète. Ce prince turbulent, ce héros aventurier, après l'avoir prise de force, et rendue par accord, se repentit bientôt d'une pareille concession. Il revint furieux à la charge, et s'étant emparé par surprise du château de Selle, il s'y établit dans l'intention de mettre de là la ville en ruine. Mais ses soldats, chargés de butin, trouvant enfin un lieu sûr, et une riche hôtellerie, voulurent se délasser dans l'orgie, des fatigues de la guerre ; le vin n'est pas propre à reposer l'humeur guerrière ! Les joyeux soudards après mainte folie, maints ébats dont la gaité s'exhalait bruyamment, songèrent enfin au butin qu'ils avaient fait. Le partage de ces dépouilles devint un inévitable sujet de querelles. On crie, on jure, on s'exaspère ; les épées sont tirées et se croisent, les cuirasses s'entrechoquent, une horrible mêlée s'engage ; en un instant le château devient un sanglant champ de bataille. Vainement Robert veut-il interposer son autorité, les soldats pris de vin n'écoutent plus que leurs fureurs, n'en appèlent qu'à leurs glaives. Enfin le comte effrayé de tout ce désordre, et croyant voir le doigt de Dieu dans cette boucherie de frères d'armes, fuit épouvanté, et devient par la suite le protecteur des Cambrésiens.

Le château de Selles est presqu'aussi ancien que la ville. C'est une forteresse romaine, qui n'a pas toujours été enclavée dans nos murs. Il est probable qu'autrefois, les eaux de l'Escaut le baignaient de tous côtés. Il tire son nom du mot *Scaldis* Escaut, dont une légère altération a fait Selle. Bien que de modernes constructions aient défiguré la primitive apparence de ce château, néanmoins d'antiques tours et de vieux restes de fortifications attestent sa respectable origine. Plus tard lorsqu'on en fit une des portes principales de la ville, on l'arma de dix ponts levis, et les moulins de l'évêché s'élevèrent à l'abri de ses bastions sur un des bras rapides de l'Escaut. Des issues secrètes, des souterrains de secours, sont maintenant ensevelis sous cette sombre forteresse où l'on ne voit plus flotter qu'un noir drapeau signe de souffrance et de deuil.

Déshérités de cette espèce de haine instinctive qui animait leurs prédécesseurs, les derniers comtes de Flandre s'étaient souvent montrés attachés aux intérêts de notre ville. Les églises de Cambrai les reçurent enfin pour défenseurs officiels (1164); jusqu'à ce que cette vieille cité qui jadis avait servi de siége et de titre aux monarques Français, revint au pouvoir de Philippe de Valois, au mépris de nombreux traités et en échange, dit-on, d'une dame de haut lignage.

La France s'étendit avec orgueil sous ces murailles si grandes de souvenirs si riches d'espérances. Ce n'était plus le hameau solitaire, suspendu aux flancs de la montagne. Depuis longtems la ville royale avait succédé aux sauvages chaumières, de nombreux artisans l'avaient universalisée, et de pieux pélerins l'avaient proclamée l'heureuse image d'une cité bien autrement illustre, que leur dévote imagination croyait revoir aux rives de l'Escaut.

Ici va parler un vieil écrivain qui à la vue de Cambrai, laisse, dans sa naïve simplicité, échapper le nom de Jérusalem.

» Comme Jérusalem, dit-il, voit à l'orient le mont des Oliviers, ainsi Cambrai voit à l'orient le mont de St.-Géry, et comme, au jour des rameaux le prêtre, le prince, et le peuple montent en procession à la montagne des Olives, y reçoivent des rameaux et viennent dans la vallée de Josaphat où on lit l'évangile, après quoi l'on fait un sermon au peuple : ainsi précisément le même jour toute la ville : évêque, chapitre et peuple, vont au mont St.-Géry, où l'on distribue des rameaux bénis ; puis on descend vers l'abbaye du St.-Sépulcre (comme dans la vallée de Josaphat) où le peuple entend aussi l'évangile et la parole de Dieu. Enfin au bord du mont des Oliviers est la maison de St.-Lazare, de même au pied du mont St.-Géry, voit-on une maladrerie dédiée à St.-Lazare. »

La procession dont parle notre chroniqueur ne fut pas long-tems en usage.

Quelques mots ajoutés à ce tableau, vous donneront, mes amis, une idée de ce qu'était Cambrai aux bons vieux tems que nous retraçons.

La ville donc commençait sur le penchant du mont des Bœufs (l'éminence où est maintenant la citadelle,) un peu en dessous de l'église de St.-Géry, qui fesait partie du faubourg. Elle s'étendait d'un côté, jusqu'à l'abbaye de St.-Sépulcre ; de l'autre jusqu'à celle de Cantimpré qui était hors de l'enceinte de la ville ; puis s'allongeait jusqu'à une petite distance du château de Selle. Du reste, outre la Métropole et St.-Aubert, il y avait déjà plusieurs églises dans Cambrai : celle de St.-Waast, bâtie du tems de St.-Aubert lui-même, celles de Ste-Croix, de St.-Martin, dont le clocher sert aujourd'hui de béfroi, et d'autres encore.

On appelait *le château*, une vaste enceinte qui renfermait l'église de Notre-Dame, le palais épiscopal, et l'abbaye de St.-Aubert. Ces grandes et vieilles murailles qui descendent parallèlement dans les rues du Temple et de Fénélon jusqu'au bord de l'Escaut, celles qui courent le long des rues de St.-Jérôme et du Marché au Poisson, en remontant vers la Place, sont probablement des restes de cette enceinte.

Alors la Grand'Place n'était séparée de la Place-au-Bois que par une vaste marre d'eau que l'on nommait *le Flos de Cayère*. Plus tard sur ces eaux dormeuses et malsaines, un bourgeois fit bâtir cette belle choque de maisons qui sépare les deux places. On remarque encore de nos jours, au milieu de cette choque, une maison plus belle et plus spacieuse que les autres, c'est celle du propriétaire.

Les grandes Boucheries n'existaient pas ; la rue de l'Arbre-d'Or qui portait le nom de la rue des *Maseaux* c'est-à-dire des Bouchers, était en effet habitée par les gens de cette profession. Sur l'Escaut, des ponts de pierre joignaient la ville à la campagne. Enfin de grands et beaux hôtels, je dis beaux pour le tems où ils existaient, ornaient la fille de Flandre, et lui mettaient au front une majesté toute royale. Il n'est pas rare de retrouver aujourd'hui des traces de ses anciennes splendeurs, et l'homme ami des vieux tems qui se promène dans nos rues, s'arrête souvent tout rêveur, en contemplant ces fragmens qui s'effacent, d'une grandeur passée.

3

Troisième Lettre.

Etablissement et suppression d'une commune. — Priviléges populaires. — Quelques traits historiques. — Le chateau de Thun-l'Evêque. — Charles vi a Cambrai. — Louis xi.

Ce serait une longue et fastidieuse histoire, pour vous, mes amis, qui n'avez que faire des querelles de l'église, que l'histoire des évêques successeurs du bon Gérard. Une série continuelle de procès et de combats : des prêtres se disputant le siége épiscopal, tantôt vainqueur l'un, tantôt l'autre ; lançant l'excommunication aussi légèrement que Jupiter lançait sa foudre : un peuple jouant avec ses évêques, comme un enfant le fait de ses hochets; du bruit, des horions, du scandale; un mélange confus de mîtres, de cuirasses, de crosses et d'épées qui s'entrechoquent et se brisent, et parmi tout cela des moines, des prêtres, des comtes, des chevaliers, se heurtant, se froissant de leurs armes ennemies.... tel est le cahos que j'ai trouvé bon de franchir en quelques mots à la fin de la lettre qui précède.

Quant à nos bourgeois, ils ne cessèrent de signaler, dans cette période, leur esprit d'indépendance soit par une intervention active, et souvent belliqueuse, dans les affaires du clergé, soit par des actes d'insubordination dont le châtiment prompt et parfois terrible, ne les corrigeait pas pour l'avenir.

C'est ainsi que sous l'épiscopat de Gaucher, l'un de nos plus dignes prélats, ils décrétèrent de nouveau l'établissement d'une commune;—c'était là leur plus doux rêve!—mais bien mal leur prit de cette velléité d'indépendance, car l'empereur Henri V vint irrité et menaçant rétablir son autorité parmi eux, et leur fit jurer que dorénavant, il ne leur prendrait plus de ces accès d'émancipation. Ils jurèrent, car on jurait déjà; avec quelque arrière pensée, car on en avait déjà... et alors comme aujourd'hui on avait de ces consciences élastiques si ingénieusement appropriées dans les grandes circonstances au serment politique. L'empereur du reste le savait, car par un luxe de précaution qui n'était pas inutile, des ôtages désignés parmi l'élite de la jeunesse Cambresienne devinrent les garans de la fidélité.

Plus tard les vaincus se remirent en frais d'insurrection, et eurent avec leur évêque Roger de longs démêlés, toujours à l'occasion d'une commune que l'empereur Frédéric 1er déclara, de nouveau, contraire aux droits des empereurs et à la dignité des évêques (1182). Cependant deux ans après, par d'adroites négociations, ils obtinrent des priviléges qui tempéraient de beaucoup la puissance des prélats. Ces priviléges leur furent par la suite enlevés, puis rendus, puis enlevés encore, selon l'influence de l'évêque sur les empereurs d'Allemagne.

Entrer ici dans plus de détails, serait retracer une multitude de faits qui se ressemblent, et qui, enveloppés qu'ils sont dans les voiles obscurs du passé, et tout colorés de la teinte uniforme des anciens jours, vous paraîtraient nécessairement froids et monotones. Vous n'y verriez qu'une lutte incessante et acharnée de la bourgeoisie contre le clergé, que des efforts multipliés de l'un et l'autre parti pour conserver ou ressaisir des droits, des priviléges qui semblent passer d'un camp à l'autre, au souffle des orages, au gré du hasard ou d'un malin génie qui se plaît dans la discorde et les horreurs de la guerre civile. Enfin partout déjà, l'on trouve cette soif de liberté dont la satiété a été depuis jusqu'à l'ivresse, jusqu'au délire.

L'insurrection, le tumulte, le saccage étaient, comme je l'ai dit, un besoin pour le bourgeois de Cambrai, c'était une conséquence de sa nature, un complément de son existence. La moindre occasion, le plus léger prétexte suffisait pour que l'on se mît à l'œuvre. Or voici une des mille manières dont cela se pratiquait : un prêtre s'en allait, rêvant à Dieu sans doute, des bourgeois l'insultaient, poussés par le diable apparemment, le prêtre ripostait par un soufflet, (c'est une vieille histoire que je conte!) et les bourgeois de crier de toutes leurs forces : *Hay! hay! on nous mourdrist, commune bourgesie!* Alors rassemblement, rumeur, imprécations : et l'on courait aux armes, la mêlée s'engageait, on se portait en foule aux maisons ecclésiastiques que l'on mettait au pillage, quand on ne s'y fesait pas *mourdrir* par les gens du clergé.

Voilà pour l'existence politique.

Maintenant, mes amis, voulez-vous que d'un trait, mon crayon vous esquisse la physionomie morale et purement populaire de l'époque? En voici un qui vous les fera connaître tels qu'ils étaient, les hommes du vieux Cambrai, superstitieux et crédules, dévots plus que religieux, mêlant à tout un grain d'émeute, cela va de droit; puis confondus, s'humiliant et s'amendant de la meilleure façon du monde.

Ce fut en l'an de grace 1165, sous l'épiscopat de Nicolas; de vieilles béguines aux paroles mystiques, à la mine inspirée, avaient persuadé au peuple que dans le flos de Cayère, cette mare d'eau qui se trouvait sur la place, reposaient, sous la vase, les corps de plusieurs saints capables d'opérer des guérisons merveilleuses. Plein de foi dans ces puissantes reliques, le bon peuple s'abreuvait à l'onde limoneuse, et les malades surtout; malgré sa puanteur et sa saveur répugnante, en avalaient abondamment, croyant boire la santé. Un tel abus éveilla la sollicitude de Nicolas et de son clergé, qui voulurent s'y opposer. Mais la populace irritée croyant plutôt à ses sorcières qu'à son évêque, et voulant être libre de s'empoisonner à son aise, menaça de chasser l'évêque et le clergé de la ville. Vous savez que, dans ce bienheureux temps, c'était là une plaisanterie d'usage assez fréquent. Mais cette fois le peuple daigna raisonner sa colère, et voulut d'abord avoir les preuves de conviction. En conséquence on se mit à nettoyer l'abreuvoir pour en retirer les précieuses et humides reliques. Inutile de dire que l'on avait fait bonne provision d'eau et de boue sainte, à la très-grande satisfaction des croyans. On travailla avec ardeur et dévotion, enfin après deux jours d'un long et dégoûtant labeur, on parvint à découvrir les ossemens sacrés. Ce fut *heur et liesse* pour la foule qui attendait... Mais ô cruel désappointement! Quelqu'un avisa que les miraculeux talismans n'étaient autre chose que des os de chiens et de chevaux! On eût volontiers assommé l'inventeur de cette découverte, mais comme cela n'eût en rien sanctifié les ossemens sacrilèges, on se retira sans mot dire; le procès de l'évêque fut gagné, les béguines n'en restèrent pas moins de très saintes et dignes filles, et le bon peuple humilié jeta, en se bouchant les narines, les pieuses médecines dont il avait empli et parfumé ses flacons.

Puisque j'ai interrompu le cours des événemens pour causer avec vous, je vais vous dire quelques mots des jurés de Cambrai. Ces jurés que l'on nommait sénat-de-paix étaient les hauts fonctionnaires de la commune, durant les courts espaces où cette commune existait. « Ils étaient, dit Carpentier, en nombre de quatre-vingt et choisis d'entre les familles patrices de la ville, pour l'ordinaire gens nobles ou de grands moyens. Ils étaient obligés d'entretenir un cheval de selle et un varlet pour être plus prompts et habiles à l'exécution de la justice et pour tant mieux faire les visites, enquestes et autres fonctions de leurs charges. » ....

« Ils s'assemblaient journellement dans l'hôtel-de-ville qu'ils appelaient *la maison du jugement* pour travailler au bien public. »

Les Cambresiens qui avaient des têtes fort chaudes pour des habitans du Nord et qui passaient beaucoup de temps en jeux de guerre, n'en étaient pas moins des hommes laborieux et riches d'industrie. Dès l'an 1300 la *batiste*, inventée par *Baptiste Cambrai* de Cantaing, devint un objet de commerce et d'illustration pour la ville·

D'habiles mécaniciens et d'autres corps de métiers la rendaient aussi recommandable sous divers rapports. Alors les métiers avaient chacun son quartier dans la ville : c'est ce qui a fait donner à plusieurs rues des noms qui les rappellent encore.

Reprenons maintenant le cours des événemens. C'est Edouard III, Roi d'Angleterre qui se présente d'abord à nous, fort offensé de la préférence que Cambrai avait donnée au Roi de France, dans une circonstance où il fallait qu'elle se livrât à l'un ou à l'autre. L'Anglais vint mettre le siége devant Cambrai, mais une nombreuse garnison Française, sous le commandement du brave chevalier de la Baume le lui fit lever, de guerre lasse, aux approches de la froide saison (1339).

L'année suivante, à la prière des Cambresiens qui ne voyaient pas sans inquiétude des places fortes occupées dans le voisinage, par leurs ennemis, Jean, duc de Normandie, fils du Roi de France, après avoir détruit le château d'Écaudœuvres, alla attaquer celui de Thun-l'Evêque. Je dirai quelques mots de ce siége, quoiqu'il ne se rattache qu'indirectement à l'histoire de notre vieille cité; mais je ne me suis pas engagé à rester consigné dans l'enceinte de ses murs.

Ce château de Thun-l'Evêque était une citadelle formidable pour l'époque, dont l'Escaut mouillait les fortes murailles et que sa position rendait presque imprenable. Il n'en reste plus de trace, le tems et les hommes en ont effacé bien d'autres. Une vaillante garde le défendait, les Français qui l'attaquaient ne le cédaient ni en force ni en valeur aux défenseurs du château. Aussi le siége fut-il sanglant. Une prise d'assaut étant impossible, il fallut user de machines de guerre. On en employa de terribles. qui fesaient pleuvoir sur la place des pierres si pesantes, qu'elles en écrasaient les maisons, et ensevelissaient les habitans sous des ruines. Mais ces moyens redoutables ne purent ébranler le courage des assiégés. Alors les Français usèrent d'un affreux stratagème : ils appelèrent la peste en aide à leurs efforts, et comme pour envoyer à l'ennemi une mort bien authentique, ils lancèrent avec leurs machines une multitude de chevaux tués dont les cadavres infects suscitèrent des maladies sans remède.

Le comte de Hainaut, averti de la triste extrémité où se trouvait réduite la garnison, accourut à son secours avec de nombreux alliés parmi lesquels figurait Artevel ce fameux Brasseur-Roi qui voulut vendre son pays à l'infâme Angleterre.

Mais les ponts qui joignaient ensemble les deux rives de l'Escaut étaient rompus, et le sauveur vint, avec ses quatre-vingt mille hommes, assister. spectateur inutile, sur l'autre rivage, à la prise de la forteresse, que la garnison abandonna aux Français, en se sauvant sur des barques.

N'y a-t-il pas quelque chose de dramatique et de pittoresque dans le tableau imposant qui se présente ici ? Cette noire forteresse aux longues tours crénelées, ce fleuve qui baigne en passant des murailles séculaires, ces deux rives chargées de soldats ennemis, ces bruits de guerre, cette charge qui sonne, ces lourdes et brillantes armures Françaises qui étincellent tout-à-coup sur les tourelles, ces pauvres soldats malades et fugitifs qui sortent par la poterne, et vont dans de frêles nacelles rejoindre des amis à l'autre bord, cette armée impuissante à laquelle le flot a dit : tu n'iras pas plus loin, et qui regarde dans l'immobilité du désespoir la tragédie qui se joue, enfin ces deux contrastes : triomphe et rage ! Tout cela ne parle-t-il pas à l'ame, à l'imagination ! Peintre et poète n'ont pas toujours une donnée aussi féconde.

L'a-propos m'amène ici à vous dire qu'il y avait dans les environs de Cambrai de nombreux châteaux-forts comme celui de Thun-l'Evêque, dont le voisinage inquiéta plus d'une fois la ville princière. Les petites villes de Crèvecœur et Lesdain, entre autres, possédaient des ces châteaux redoutables. Maintenant ces deux villes sont des villages, leurs châteaux sont des ruines !

Revenons à Cambrai, où nous trouvons Charles VI assistant au double mariage des enfans du duc de Bourgogne avec ceux du duc de Bavière, (1385).

Cambrai fut à cette occasion le théâtre des plus belles fêtes qui l'aient jamais embellie. Les ducs de Bourgogne et de Bourbon, les comtes de Hainaut et de Namur, plus de trois cents seigneurs avec une nombreuse suite, tout ce que le pays avait de brillante noblesse, d'illustres guerriers, y composèrent une immense assemblée sans exemple, jusques là, dans nos murs. Des jeux, des divertissemens, des tournois, solennisèrent cette fête gigantesque : on y vit briller l'élite de la jeunesse du pays; ducs et princesses, jeunes pages et damoiselles y déployèrent tous les prestiges, toutes les merveilles de la gloire, de la beauté, de la chevalerie et de l'amour.

A la suite d'une série d'évêques dont l'histoire n'a pas à s'occuper, paraît Pierre d'Ailly, prélat célèbre par les persécutions du duc de Bourgogne, et plus encore par la rare énergie et la noble indépendance de son caractère. En le voyant lâchement abandonné de son clergé trembleur, on s'étonne de la vertueuse impassibilité avec laquelle il marcha au milieu des obstacles, des pièges et des assassins qui se multipliaient sous ses pas. Bon Évêque autant qu'habile diplomate, il sut rendre à ses princes d'utiles services, et imposer à son clergé de plus utiles réformes.

Sans nous arrêter à son successeur à l'égard duquel je garde le silence, comme je l'ai fait de tous ceux dont la vie pâle et décolorée n'offre aucun souvenir intéressant, passons à l'arrivée de Louis XI à Cambrai (1476).

« Louis onzième de ce nom, dit un curieux manuscrit, dont je ferai souvent usage, vint à Cambray, et en fit une ville de guerre. Il fortifia le Châtel de Selles, le fit fermer de bons boulevards du côté de la ville. Il fit un château sur la porte St-Sépulchre; entoura l'église et le cloître de l'abbaye de Cantimprez de grands fossés, y mit grosse garnison dont M. de Vaux était capitaine. »

» Le Roy de France Louis était alors en guerre avec Maximilien duc d'Autriche. Ils firent trève de neuf ans pendant laquelle Louis XI emprunta à la ville de Cambray quarante mille escus d'or. »

« Il retourna en France, mais il laissa garnison dans le Châtel de Selles. »

« Maraffin en était capitaine et avait charge de lever les quarante mille escus d'or. Il fit des maux incroyables à Cambray et dans le pays du Cambresis. Pendant ce tems Arnauld Pingrez, Bailly du chapitre, eût la tête tranchée parce qu'il voulait soutenir la neutralité de la ville de Cambray. »

« Pendant que le pays était ainsi troublé, Jean de Bourgogne, Évêque de Cambray, se tenait dans le pays de Brabant. Le Roy Louis avait mis un évêque de son autorité en la ville ; on le nommait vulgairement l'évêque Maraffin. »

« Le capitaine Maraffin prenait les joyaux des églises pour parvenir à cette somme de quarante mille escus d'or. Il en fit même lever bien plus, pour son profit particulier, comme on le vérifia après, et les receveurs commis pour exiger cette somme en eurent aussi leur part. »

« Le capitaine étant à la cour pour rendre compte au Roy des expéditions qu'il avait faites à Cambray, portait au col un riche collier d'or qu'on disait avoir été fait des reliques des églises de Cambray. Comme un gentilhomme voulut toucher ce collier, le Roy lui dit : *Garde toy bien d'y toucher, car ceci est chose sacrée.* »

Tant d'exactions ne pouvaient manquer d'irriter le peuple ; une nuit enfin, la fureur le gagna, il jura qu'il serait libre, l'insurrection fut générale et les séides du Roi furent chassés jusque dans le château de Selles, qui se trouva à l'instant cerné de tous côtés. Au secours de nos braves Cambresiens arrivèrent de la part du duc d'Autriche des gens d'armes et de l'artillerie à l'aide de laquelle, au bout de sept jours, on amena les Français à capitulation. Il fut convenu qu'il y aurait dans le château autant de Bourguignons que de Français, « et y entrèrent à grosse puissance, dit le manuscrit, Messire Philippe de Ravestein, Messire Jean de Luxembourg et la compagnie de M. de Fiennes, et ainsi furent maîtres de Cambray. Après y vint en garnison Messire de Berges. »

Jean de Bourgogne ne rentra point dans son palais, il mourut à Bruxelles; son cœur seul fut apporté à l'église cathédrale, où on l'inhuma après un magnifique service pendant lequel brûlèrent six cents cirons dans la nef qu'éclairaient encore sept cent vingt quatre torches ardentes. On lui dressa à droite du maître-autel un mausolée de cuivre représentant un évêque couché.

Plus tard l'emprunt forcé fut remboursé ; mais dans le cœur des Cambresiens resta gravé en sanglans caractères le souvenir des meurtres et des cruelles exactions de l'agent féroce du dévot Louis XI.

4

Quatrième Lettre.

Calamités. — Cambrai érigée en duché. — Événemens remarquables. — Entrée de Robert de Croy. — Paix des Dames.

A Jean de Bourgogne succéda Henry de Berges (1479) élu à Valenciennes, où le clergé s'était retiré à cause des guerres dont Cambrai était constamment le théâtre et la victime.

Tous les genres de maux tombaient à la fois sur la malheureuse cité. Les horreurs de la famine, les fureurs de l'ennemi, les divisions intestines signalèrent cette fatale époque. A tout heureux événement succédait une calamité, à toute fête se mêlaient le deuil et les alarmes; toute joie portait en elle le germe de prochains déboires. Il y a pour les peuples comme pour les individus des périodes de malheur qu'il faut traverser et accomplir. C'est ainsi par exemple qu'à l'entrée de l'évêque dans sa ville épiscopale, tandis que les cloches de Notre-Dame envoyaient solennellement au peuple leurs joyeuses volées, le tocsin jetait ses cris d'effroi par les auvens ébranlés de la tour de St-Martin; et le guêt voyait d'un côté les femmes pieusement agenouillées en prière, de l'autre nos valeureux citoyens, soldats improvisés, arrosant de leur sang les remparts qu'ils défendaient. Puis c'était la foudre qui frappait nos plus beaux monumens, puis d'affreuses tempêtes qui bouleversaient nos campagnes; puis le scandale le plus déplorable donné par des prêtres indisciplinés qui fermaient le temple, l'ouvraient, le refermaient encore, au gré de leurs caprices, au mépris de leur évêque, au grand dommage de toute une population dont la foi simple et naïve ne savait plus où se reposer, et dont les croyances chancelantes s'effaçaient ainsi par la faute de ceux aux mains de qui Dieu en avait mis le dépôt.

La mort de Henry de Berges (1502) devint le sujet de nouvelles disputes ecclésiastiques. Deux évêques furent élus à la fois, pour chacun desquels chanoines et bourgeois prirent parti selon leur intérêt ou leurs préventions. L'un des deux camps fut chassé de la ville qui se trouva pour ce méfait sous le coup d'un interdit.

C'était le canon avec lequel, autrefois, les hommes de Dieu abaissaient les ponts-levis, renversaient les remparts: mais le temps venait où les portes et les murailles ne devaient plus céder à ces armes émoussées par un trop fréquent usage... Les bourgeois tinrent bon, jusqu'à ce qu'une autorité supérieure eut enfin fixé le choix auquel on devait s'arrêter.

Ce fut Jacques de Croy qui l'emporta, et devint quelques années après duc de Cambrai, érigée en duché par une faveur insigne de l'empereur Maximilien. Cette nouvelle dignité qui ne plut pas au chapitre valut au duc de la part des bourgeois une réception triomphale.

Il fit une entrée solennelle (1510) par la porte de St-Georges que l'on voit aujourd'hui inutile et fermée au bout de la belle rue de ce nom, et dont la suppression a frappé de mort le plus riche et le plus vivant quartier de la ville.

Une fête magnifique l'accueillit à son arrivée, les maisons richement pavoisées, la joyeuse bourgeoisie aux cris bruyans et de bon aloi, les sons des instrumens, les danses grotesques et risibles de ce bon vieux temps, des représentations historiques à la lueur des torches ardentes, un superbe échafaud orné de brillantes tentures, sur lequel les principaux citoyens reçurent le duc, un splendide festin servi par les *francs-fièves*, des poignées de pièces d'or et d'argent jetées au peuple en signe de *liesse*, tout concourut à faire de ce jour un long moment de joie pour la ville entière, si ce n'est pour les chanoines qui retirés dans leurs moroses retraites, tinrent rancune à l'allégresse publique.

Jacques de Croy qui sut mériter et obtenir l'amour de tout son peuple, mourut le 15 du mois d'août 1516, dans un de ses châteaux du Brabant.

« Son corps fut amené à Cambrai, dit la vieille chronique, messieurs de la prévôté d'Hapres lui firent un service en passant. Il fut déposé dans l'église de l'abbaye de Cantimprez où on lui chanta un service en présence du prince de Chimay, de M. de Reux. et de plusieurs grands seigneurs. L'église de l'abbaye était illuminée de quantité de torches et autres luminaires. Le lendemain le corps fut amené en l'église de Notre-Dame et messieurs du chapitre avec tout le clergé allèrent au devant jusqu'aux cordeliers et lui firent un service en grande pompe. »

» Le vingt-six du même mois le corps de messire Jacques de Croy fut porté en l'église de St-Géry, où il avait choisi sa sépulture, par des gentilshommes de bonne maison ; le chœur était tendu de velours noir, et le corps couvert de drap d'or, le service fut beaucoup plus solennel que les autres. Il fut inhumé devant la sacristie de ladite église où on lui fit un mausolée tout de cuivre... »

Je me suis peut-être trop étendu sur les détails de cette inhumation, je vous en demande pardon, mes amis, mais je les ai rappelés pour vous faire connaître avec quel cérémonial on traitait alors les prélats effacés de ce monde. Maintenant pour enterrer un évêque, on n'y met pas tant de façon.

On cite plusieurs événemens remarquables sous l'épiscopat de Jacques et de son neveu Guillaume de Croy, qui lui succéda, et mourut avant que d'avoir pris possession de son siége.

Je ne parlerai pas de la fameuse ligue de Cambrai, arrêtée en 1508 entre le pape Jules II, le roi de France Louis XII et

Ferdinand V roi d'Aragon. Cette circonstance se rattache entièrement à l'histoire générale et n'est pas de mon ressort. Cambrai du reste ne fut choisie pour le lieu des négociations, qu'à cause des priviléges de neutralité dont elle jouissait alors.

Je mentionnerai en passant l'érection de la ville en duché, faveur qui fut, comme je l'ai dit, octroyée en considération de Jacques de Croy ; — un tremblement de terre très prononcé, qui se fit sentir le 23 août 1504, vers dix heures du soir ; — de nombreux coups de foudre qui frappèrent la flèche de Notre-Dame et firent prendre le parti de la baisser de douze pieds ; — une peste affreuse (1519) qui désola la ville et y extermina plus de quinze cents personnes ; — une autre (1522) qui fit près de dix huit cents victimes.

C'était dans ce temps-là un fléau bien redoutable et bien commun à Cambrai. La malpropreté des rues, des marres d'eaux croupissantes, et plus encore les cimetières *intra-muros* dont les exhalaisons fétides et malsaines se dégageaient sous l'influence des chaleurs d'été, tout contribuait à faire surgir cette mort vagabonde qui va par les villes moissonnant grands et petits, riches et pauvres, et pourvoyant de nouveaux alimens ces féconds charniers d'où elle est sortie.

Certes c'était un noble et généreux usage à nos pères que celui de déposer les morts dans le voisinage de leurs demeures ; c'était une pieuse idée que celle qui fesait pour ainsi dire vivre les hommes au milieu de leurs familles éteintes. Parens, amis, enfans, époux dormaient là, sous les pieds du passant, et la prière si douce, si utile au cœur de tous se présentait naturellement à la pensée, et les tombes criaient de toutes parts : priez pour les morts ! eux-mêmes vous inspiraient... on devait être meilleur en présence de tels témoins. Mais que de dangers, que de maux réels résultaient de ces imprudens usages ! Ce ne fut donc pas sans raison que plus tard, un siècle qui du reste répudia le passé avec un cinisme révoltant, transporta hors des villes les champs sacrés des morts.

Sans attacher de valeur à des faits qui n'en ont pas par eux-même, je crois, mes amis, devoir dans ces lettres vous donner quelques fois des détails qui peuvent intéresser les uns ou les autres d'entre vous. Ainsi je vous citerai l'horloge de l'hôtel-de-ville qui fut terminée en 1512.

J'apprendrai aux chasseurs qu'à l'époque dont nous parlons, il y avait dans le pays un gros et bel oiseau dont l'espèce n'y existe plus. C'était la Bitarde, qu'on appelle communément Outarde. Le manuscrit, que je consulte toujours, dit « qu'en une belle nuit de noël, il fit un tel ouragan, qu'on ne savait aller ni par les rues, ni par les champs ; que les arbres furent abattus, et qu'on prit le lendemain plus de cinq cents Bitardes à la main, lesquelles furent vendues à Cambrai. On avait une Bitarde pour cinq gros et trois patards. »

Je ne terminerai pas cette rapide revue de faits particuliers, sans faire remarquer que déjà l'instruction populaire était prise à cœur par des hommes généreux, car maître Standon commença en 1499 la fondation d'une école dominicale.

Guillaume décoré du chapeau de cardinal, résigna bientôt son évêché à Robert de Croy son frère, qui en prit possession par procureurs le dix-neuf décembre 1519 et renouvela la loi, ce que le chapitre avait fait cinq jours auparavant, à cause de la vacance du siége. Renouveler la loi, c'est à dire le magistrat et les autres officiers, était un usage suivi généralement par les évêques qui advenaient au siége. On voit que depuis long-temps, en petit comme en grand, les destitutions marchent toujours à la suite de chaque nouveau gouvernement. Plus tard le roi d'Espagne devenu maître de Cambrai, trouva bon de prendre pour lui le droit de nommer les autorités civiles. Si cette mesure n'était pas juste, du moins elle était politique, ce qui n'est pas toujours la même chose ; mais les plus forts n'y regardent pas de si près.

Enfin le treize du mois de juin 1529, jour de dimanche, l'évêque Robert fit son entrée dans la ville par la porte St-Ladre, qui n'existe plus, accompagné d'une brillante escorte de hauts dignitaires et de grands seigneurs avec leur suite, montant à plus de mille chevaux.

La compagnie des arbalêtriers avait été au devant de l'évêque en joyeuse cavalcade, suivie des autres sermens de la ville. Les archers étaient vêtus de rouge, avec des bonnets couleur orange, les canonniers portaient des cuirasses et des bonnets rouges. D'autres compagnies bourgeoises s'étaient formées pour cette solennité. *Ceux du Quètivicz*, c'est ainsi qu'on appelait les habitans du quartier St-Fiacre, du mot *quetif*, *chétif*, *pauvre*, étaient déguisés en hommes sauvages, ayant avec eux, dit naïvement le chroniqueur, une femme habillée en femme sauvage. Des joueurs de l'épée à deux mains, en chemise jusqu'à la ceinture, vêtus du reste et coiffés de blanc, allaient dansant avec leurs armes.

Toutes ces compagnies conduisirent ainsi à la cathédrale le prince qui, sur son passage, rencontra mille démonstrations de joie et d'hommage. Des arcs triomphaux ornaient les rues, diverses représentations s'offrirent à lui.

Les habitans du quartier St-Jacques en firent une à l'entrée de la ville.

Les bouchers, sur la place-au-bois.

Les merciers, un peu plus loin.

Les cordonniers, au marché au poisson qui était alors au bord du flot de cayère.

Les cabaretiers, contre la chapelette (sur la grand'place).

Les drapiers sur la place encore.

Les voisins de la rue des Maseaux, maintenant de l'Arbre-d'Or, élevèrent un arc de triomphe à l'entrée de cette rue.

Les parmentiers firent une représentation contre les murs de St-Aubert.

Il y en eut aussi devant le portail de cette église, et contre le palais épiscopal.

Arrivé à la cathédrale, où il entendit la messe, Robert de Croy se revêtit d'une robe de velours cramoisi, et revint sur la place par la rue Taveau, *Tavelle*, où il y avait encore plusieurs exemples ou représentations.

Enfin le prince se montra au peuple avec toute sa suite sur un superbe échafaud qu'on avait élevé devant l'hôtel-de-ville. « Et après y montèrent MM. les pruvots et eschevins, conseillers, quatre hommes, lesquels après que mon Seigneur eût fait le serment, luy jurèrent que d'entretenir les droits et les lois coustumes du pays et comté de Cambresis. Et adonc fut rué or et argent à la harpaille, et trompette sonnée, et chacun à mener grande fête. Les canonniers déssérèrent plus de cens arquebuses les quels étoient arrangiez aux fenestres du grenier où on jus de l'épée à deux mains. Les meulquiniers firent rotir un bœuf tout entier, lequel étoit lardé de pourchelets, (cochons de lait), d'oisons, de poulets et de pigions, et fut rôti au touquet de l'doublure. Et les taverniers mirent une pièche de vin sur trois pièches de bois en haut; et le laissièrent couler tant qu'il peult; et y fit-on plusieurs esbatemens et dances en toute joyeuseté que on sçavait faire pour son seigneur. »

Ainsi parle le manuscrit.

On voit par ces détails que je me suis plu à donner, pour dessiner plus nettement les mœurs de nos aïeux, qu'ils possédaient, en assez bonne dose, cette grosse, heureuse et bruyante gaîté qui fait le caractère distinctif du peuple à l'époque dont nous parlons.

L'agglomération par *sermens* ou compagnies de chaque corps de métiers, lesquels sermens avaient leurs chefs, leurs, juges, etc., ne contribuait pas peu à faire règner l'union et le bien-être parmi tous ces hommes-frères. C'était autant de grandes familles en qui chaque membre trouvait toujours secours et assistance. Aujourd'hui qu'une désorganisation complète s'est organisée sur toute la France, il ne nous reste plus qu'un exemple capable de donner une idée de l'heureuse influence des sermens : c'est le corps respectable des porte-faix.

Il ne sera peut-être pas déplacé de rappeler ici, puisque nous parlons des vieux usages, que les feux de joie étaient fort du goût de nos pères et qu'il leur est arrivé de faire chanter des *te deum* au haut des clochers!

Je terminerai cette lettre par quelques mots sur la paix des dames, ménagée et conclue en cette ville par Marguerite d'Autriche tante de Charles-Quint, et Louise de Savoie mère de

François 1er. Je n'ai point à juger la question politique qui se soulevait alors ; voici seulement de quelle manière on procéda.

La ville fut formée en deux camps, séparés par les rues de Cantimpré, Tavelle, des Rôtisseurs, jusqu'au mont St-Géry. La suite de Marguerite qui formait un effectif de treize cents chevaux prit la partie Nord de la ville ; les gens de la régente de France, en nombre égal à peu près, prirent l'autre partie. Marguerite fut logée à l'abbaye de St-Aubert, et Louise de Savoie à l'hôtel St-Pol.

Des frais extraordinaires avaient été faits pour embellir ces deux séjours, et afin de rendre plus faciles les communications des dames, on avait jeté au dessus de la rue, qu'on appelle aujourd'hui *du marché au poisson*, une galerie aërienne qui joignait l'hôtel à l'abbaye. On prit pour assurer la tranquillité de la ville des mesures de police très sévères. On publia à la pierre que tous les vagabonds eussent à sortir de la ville, et que personne ne portât ni épée, ni dague, ni poignard. La pierre était située devant l'hôtel-de-ville : c'était là que se fesaient toutes les publications. Chaque porte fut gardée par un échevin, quatre bourgeois, treize manans, six canonniers et deux archers, plus un capitaine de la part de chacune des princesses, afin que les personnes suspectes ne pussent s'introduire dans la ville. Enfin pour donner plus de force à la justice, on dressa un gibet au pré-d'amour. Le pré-d'amour était à peu près l'espace compris aujourd'hui entre les chaînes de la place-au-bois. La chronique ne dit pas que le gibet ait été d'aucun usage.

Après mainte conférence, la paix finit par se conclure le vingt-quatre juillet 1525. Ce fut fête générale dans toute la ville; chacun des partis rivalisa de générosité et de magnificence. Le peuple fut content, les princes aussi, apparament: et le 9 août suivant, François 1ᵉʳ, le galant roi de France arriva dans les murs de Cambrai aux grandes acclamations de la noble cité.

5

Cinquième Lettre.

PAIX DE 1538. — CHARLES-QUINT A CAMBRAI. — CONSTRUCTION DE LA CITADELLE. — LE SERMENT DES CANONNIERS DE LA COULEUVRINE. — FAITS DIVERS. — ÉRECTION DU SIÉGE ÉPISCOPAL DE CAMBRAI EN ARCHEVÊCHÉ.

La paix conclue à Cambrai, d'une manière si luxueuse, en 1529, dura jusqu'en 1536; époque à laquelle messieurs les Princes se brouillèrent de nouveau, ce qui jeta encore nos pauvres bourgeois dans les alarmes et la crainte d'une guerre, dont la neutralité, octroyée à la ville, ne les préservait pas toujours. Enfin après mainte alerte, maint orage, la tempête se dissipa, et le 27 juillet 1538, une nouvelle paix fut concertée entre l'empereur et le roi de France.

Cet heureux événement inspira la gaité du peuple, qui se livra à mille démonstrations de joie ; tous les quartiers de la ville prirent part à ces réjouissances. « On fit feste en aucune rue, et en maison de Maye tendue de tapisseries, là où chacun faisoit grand chère et esbastement. Et chacun alloit tout déguisé par les rues, hommes et femmes et enfans, tant bien acoustrés que merveille, à tout gros tambour et bachin, *bassin*. Et dura la dite feste tant qu'il le fallut défendre de par MM. de la loy, que chacun cessa; et sans la défense il étoit apparent que la feste eust duré quinze jours. En toute la dite feste, n'y eust point de débast : chacun y fut plaisamment, et prendoient l'un l'autre, et le boutoient et jetoient aux flos de le quayère. »

On me pardonnera, sans doute, de citer ces fragmens du manuscrit, sans faire les frais d'une traduction en style plus moderne. J'aime, et il me semble que tout le monde doit aimer ce vieux et naïf langage qui peint les mœurs de nos pères d'une manière si pittoresque, si vraie, si colorée ! Qui ne sourira en effet à la flamande bonhommie du chroniqueur qui nous dit que dans la fête, il n'y eut point de débats, et nous raconte, en même temps, qu'on prenait les gens au passage et qu'on les jetait au flot de cayère, tout simplement par forme de plaisanterie ? Il est permis de croire que cela n'était pas du goût de tout le monde, et que quelques uns du moins, au sortir du bourbeux abreuvoir, auront dû protester avec énergie contre une pareille façon de rire.

Je reproduirai encore en vieux style la description du passage de Charles-Quint par Cambrai, lorsque ce prince, sous le bon plaisir de François Ier, traversa la France pour se rendre dans le pays bas révolté. A la nouvelle de l'arrivée prochaine de l'Empereur, on publia à la pierre que des récompenses seraient données à ceux qui feraient des représentations dans la ville.

Vous devez voir, mes amis, que ces représentations qui n'étaient que de grossières et bizarres scènes religieuses ou profanes, plaisaient cependant beaucoup à nos pères, et fesaient, de droit, partie de toutes leurs grandes réjouissances.

« En le jour de saint Sébastien, le vingtième du mois de janvier 1539, l'empereur fit son entrée en Cambray, environ de cinq à six heures du soir, et furent au devant messieurs Prevots, Échevins de Cambray et tous les officiers en bel ordre, tous à cheval ; et allèrent jusques emprès de le cauchiète, (*la petite chaussée*) et quand l'empereur deut approcher, messieurs Prevots, Échevins, concierge, les deux huissiers se mirent par terre, et marchèrent en ordre jusques devant l'empereur, et là, luy fut fait la révérence ; et luy fut fait par maître Pierre Briquet, licentiez, et conseiller de la dite ville de Cambray, la béranghe comme il s'en suit : »

» Très haut, très noble et très victorieux, voichy votre povre subject prévost, échevins de votre cité et ducé de Cambray, lesquels, en toute humilité, vous viennent faire la révérence, et vous présentent les clefs de votre cité et ducé. »

» Et luy présenta M. le Prévost auquel l'empereur les luy laissa. Et cela fait, il marcha et entra en Cambray par la porte St-Georges, et il y avoit depuis la dite porte jusqu'au palais, à double rang de quatre pieds en quatre pieds, flambeaux ardens, qu'on estimoit au nombre de trois mil. »

» Et au milieu de la rue St-Georges, les marchands de toilettes firent une porte grande et plantureuse, peinte toute à l'antique, et y avoit une remontrance de la trinité et les trois états qui l'adoroient, laquelle chose étoit bien magnifique. »

« Et en l'âtre (*le cimetière*) de St-Nicolas, les mariseaux, taillandiez et serruriez, firent une remontrance comment l'empereur et le roy de Franche trouvèrent l'un l'autre au port de Marseille. »

« Et au milieu de la rue des Liniers, les fourniers, (*boulangers*) en firent une comment les enfans d'Israel étoient au désert gouvernés de la manne du ciel ; et Melchisedech présentoit pain et vin. »

« Les orfèvres firent au coin de ladite rue, pour entrer en la rue de boulangerie, une grande couronne impériale, tout couverte d'argent, fort riche, elle étoit illuminée de cinquante flambeaux. »

« Les taverniers firent, au milieu du marché, en manière d'une tour sur quatre gros piliers de chesne, et sur les quatre coins, il y avoit quatre enfans qui pissoient vin, et étoit toute ladite tour tout atourdelée de torches allumées, et au bout de la tour une aigle, et à l'entour revestue d'armoiries de l'Empereur et du Roy, du Dauphin, du duc d'Orléans et de M. de Cambray et autres. »

« Les drapiers firent au toucquet de la rue des Mascaux (de l'Arbre-d'Or) une porte là où il y avoit trois jeunes filles bien acoustrées qui représentoient trois vertus, comme foy, espérance et charité ; et toute chargée de torches et armoiries a l'entour. »

« Les bouchers firent rôtir un bœuf tout entier. »

Cela s'était déjà fait.

« Les tanneurs et cordonniers auprès de St-Aubert, firent une remontrance comme l'empereur entra en Jérusalem avec la vray croix, et à l'entrée de St-Aubert, il y avoit une porte toute revestue d'armoiries, et une femme qui jetoit du vin par sa mamelle. »

« A l'entrée du palais, une porte pareillement revestue d'armoiries; et dessus, les chantres de M. de Cambray, lesquels chantoient moult mélodieusement. »

Nous voyons que plus tard, reconnaissant en roi les marques d'empressement et les hommages des bons cambrésiens, Charles-Quint revint chez eux avec une armée avide et voleuse qui ne laissa guère que la vie à ce bon et pauvre peuple. Du reste le prince prétendit et les força à croire qu'il allait les protéger, en élevant au-dessus d'eux une citadelle formidable, pour l'érection de laquelle, en digne père et protecteur, il daigna leur demander cent mille florins qu'il fallut payer. Cette forteresse qui d'abord devait être construite dans le quartier bas et pauvre de la ville, le fut au contraire, par la mauvaise humeur d'un officier, sur le mont Saint-Géry, en place même de l'église de ce nom, et de plus de huit cents belles maisons dont les débris furent tous employés dans les constructions des murailles guerrières. On vit encore s'engloutir dans cette grande caserne de soldats, tous les châteaux et forteresses voisins de la ville, que l'on démolit pour en faire des matériaux.

Quant aux chanoines de St-Géry, ils se retirèrent vers l'église de St-Vaast, qui prit alors le titre de St-Géry, et dont les vestiges existent encore, non loin de la porte Notre-Dame.

Je ne passerai pas à d'autres événemens, sans parler de la création des canonniers de la couleuvrine, 1543; serment de soldats-bourgeois, dont on trouve l'analogie dans nos compagnies de garde nationale, avec cette différence qu'alors les grades étaient décernés aux mieux méritans; car Robert de Croy qui avait organisé cette compagnie, voulant lui donner un *Roy*, c'est-à-dire un chef, fit placer un *gehay* ou oiseau de fer à une grande hauteur au-dessus de l'horloge de l'hôtel de ville, et ouvrit le concours pour la dignité royale. Nombreux furent les concurrens, grande fut l'émulation.

Maintenant, savez-vous qui abattit l'oiseau de fer? Ce fut l'évêque lui-même! L'évêque qui devint en conséquence le fondateur et le premier *Roy* du serment des canonniers de la couleuvrine.

Ce serment existait encore lors de la suppression générale de toutes les institutions de ce genre, et portait sur son drapeau les armes de Robert de Croy.

Il y avait donc pour nos pères, à l'âge dont nous parlons, une liberté sage et modérée; la défense du foyer était confiée à leur bravoure, et leurs intérêts protégés par des hommes de leur choix. Leur front ne courbait pas avec humiliation sous le joug d'un maître imposé; leurs institutions étaient faites pour tous. Chaque société, chaque corporation avait ses chefs élus par elle-même; de cette sorte l'intrigue et la bassesse, la naissance ou l'argent ne l'emportaient pas sur l'opinion publique; et le prince, puisqu'il en fallait un, le prince, gardé par les armes qu'il avait lui-même, mises aux mains de nos bourgeois guerriers, ne dissipait pas la fortune publique en soudoyant un odieux cortége de gens d'armes, de sbires et d'espions.. Nous ne sommes plus en 1543 !

Je l'ai dit en commençant ces lettres: mon intention n'a pas été de faire une histoire détaillée du vieux pays de Cambrai; je n'ai eu d'autre but que de vous montrer son caractère et ses mœurs, que de vous montrer le peuple lui-même, naissant et accomplissant ses destinées : c'est l'histoire de nos devanciers que j'ai parcourue, et que je veux achever; que me fait à moi celles des princes et des pouvoirs contemporains? assez d'autres s'en sont occupés ; ce que j'aime, moi, c'est ma vieille cité, c'est son aspect antique et primitif, ce sont ses murailles effacées par les siècles, ses monumens détruits par le temps, la foudre, ou le délire des hommes ; ce que j'aime c'est cette grande famille, simple, naïve, franche, joyeuse et libre, 1540 : c'est son indépendance, c'est le noble sentiment de sa dignité qui fit qu'elle céda quelquefois à la force, jamais à la peur. Car ils avaient de la vaillance au cœur, nos braves Cambrésiens, car ils avaient de la foi religieuse dans l'ame ; et en vérité on serait tenté de penser que s'ils eurent tort de croire à la protection de Notre-Dame et de S^t. Géry, maintenant que nous ne croyons plus à rien, nous ne valons pas mieux qu'eux.

Ne m'occupant donc exclusivement que de l'histoire cambrésienne, je vais franchir un espace assez long ; et sans parler de la mort de François 1er, sans parler de quelques démêlés politiques entre Charles-Quint et les états de Cambrai, ni d'un synode tenu à Cambrai par Robert de Croy, sans vous montrer en 1552 le clocher d'une de nos églises, (la Magdelaine) et les plus hautes tours des châteaux forts s'écroulant par crainte de siége, sous les prudens efforts des habitans ; sans donner de détails sur la mort burlesque de quelques pillards de l'armée de France, pris dans une sortie de la garnison, et jetés au flot de cayère ; j'arriverai à l'année 1554, époque où l'on fortifia la ville depuis le château de

Selle, jusqu'à la porte du Malle, aujourd'hui de Notre-Dame.
Elle portait alors ce nom, du mot *malleus, marteau*, à cause du
grand nombre de forgerons qui en habitaient le voisinage. Trois
mille ouvriers travaillèrent aux fortifications ; on fit une nouvelle
voûte à la porte du Malle, on abattit et supprima un grand nombre d'arbres et de jardins des alentours. On crut même devoir
démolir la petite église de St-Ladre. Et comme les menaces de
guerre grossissaient de jour en jour, on organisa des escouades de
travailleurs qui, à tour de rôle, allaient sous le commandement
d'un capitaine, et enseigne déployée, payer le tribut de leurs
peines à la sécurité publique. Personne ne fut exempt de ces
corvées : bourgeois, chanoines, chapelains et vicaires, tous, de
bonne ou mauvaise grace, furent forcés de s'exécuter. Ce fut en
cette même année que la jolie ville de Crévecœur et son château-
fort, que celle de Lesdain, et plusieurs autres forteresses du pays
furent ruinées à jamais par l'armée dévastatrice du roi de France
Henry II.

Maximilien de Berghes, successeur de Robert de Croy, fut le
premier archevêque de Cambrai. La bulle du pape qui érigea
Cambrai en archevêché, fut rendue, sur des considérations religieuses, le 28 avril 1559.

Maximilien fit d'abord son entrée en qualité d'évêque; car il ne
fut installé comme archevêque que le 22 mars 1563. Il entra

par la porte du Malle, escorté d'une foule de grands Seigneurs et de dix *enseignes bourgeoises*, s'élevant à deux mille sept cents hommes, tous bien armés. Il alla d'abord à St.-Géry, ensuite prit le rempart et vint descendre devant la citadelle, (sur l'Esplanade) où l'on avait élevé un brillant pavillon, sous lequel l'évêque se revêtit de ses habits pontificaux « et firent les métiers, dit le chroniqueur, plusieurs exemples depuis la citadelle, jusqu'au palais. Les cordiers et planieurs, (*apprêteurs de batiste*) firent un Gayant et une Gayande fort braves. »

Vous voyez mes amis que messieurs de Douay n'ont pas toujours eu le privilege exclusif des Gayans.

Inutile de vous répéter les détails de l'installation de l'évêque, dont, à propos d'un autre, je vous ai déjà donné une idée suffisante. La fête ne se termina pas sans bruits d'armes, sans fusées d'artifices et longues traînées de poudre qui tuèrent ou blessèrent plusieurs personnes.

C'est à l'époque que nous venons de traverser, que l'on doit faire remonter ces maisons de construction Espagnole, dont il nous reste maintenant fort peu de modèles. Je n'en connais plus qu'une, dans la ville, où le style n'ait pas été altéré par de modernes réparations : elle est située sur la place de St.-Sépulcre. — Il me semble que, pour celui qui n'a pas juré une haine impie à tous les souvenirs, il y a quelque plaisir à considérer ces noires façades où le bois courbé en ogives dessine, avec une élégance gothique, des encadremens aux petites briques dont on fesait rare usage ; à voir s'avancer hardiment sur la rue, ces étages dont le second fait saillie au premier, qui fait lui-même saillie au rez-de-chaussée ; à examiner ces légères dentelles de planches qui couraient quelquefois le long des combles et des gouttières, et ces monstres de bois, ces figures grotesques, ces caprices grossiers d'un artiste imparfait, dont on ornait les angles et les dessus des portes, ou dont la gueule ouverte servait d'écoulement aux eaux du ciel. Tout cela, dis-je, fait plaisir à voir, comme plait la vue des meubles antiques dont firent jadis usage nos grands parens qui ne sont plus.

6

Sixième Lettre.

Concile provincial. — Troubles religieux. — Louis de Berlaymont. Cambrai enlevée au roi d'Espagne. — Siège de Cambrai par les Espagnols. — Délivrance de la ville par le duc d'Anjou. — Le sire de Balagny. — Henri IV. — Cambrai reprise par les Espagnols.

Tout le monde connaît l'histoire des troubles religieux auxquels l'hérésie de Luther donna naissance. Le christianisme ébranlé voyait partout s'introduire des erreurs funestes, et la discipline ecclésiastique était méconnue en mainte circonstance. C'est pour réformer ces tristes abus et rendre, dans le pays, un peu d'énergie aux lois divines et humaines, que l'archevêque de Cambrai provoqua un concile provincial, l'an 1565, où assistèrent les évêques de Namur, d'Arras, de St-Omer et de Calcédoine, ainsi qu'une multitude d'abbés et de savans théologiens.

Nous n'avons pas à nous occuper des détails de ce concile ni des cérémonies religieuses qui l'accompagnèrent. Il paraît qu'il ne fut pas d'une grande efficacité dans les fâcheuses circonstances qui l'avaient rendu nécessaire, car l'année suivante, il se passa des scènes affreuses, qu'expliquent seuls le fanatisme et l'empire tyrannique de la nouveauté. Le 15 mars vers dix heures du matin, le grand marché se trouva couvert d'une foule d'hérétiques qui, dans leur délire, voulaient faire une révolution au profit de leurs croyances et répandre du sang à la plus grande gloire de Dieu. L'un d'eux, nommé François Leclercq se présenta au magistrat de semaine, un poignard et une requête à la main, demandant au nom de ses compagnons la liberté de vivre selon la confession d'Ausbourg. Mais le magistrat qui avait eu connaissance du projet d'insurrection, attendait de pied ferme la bande des réformistes, et pour toute réponse lança contre François Leclercq un ordre d'arrestation qui fut exécuté sur-le-champ, en présence de tout le parti qui se tint coi, lorsqu'on vit déboucher des rues voisines bon nombre de soldats et de sermens de la ville. François Leclercq paya de la vie sa démarche et son dévoûment fanatique.

Tel est le changement opéré dans nos mœurs, qu'aujourd'hui les innovations religieuses tombent sous le coup du ridicule, comme autrefois sous la hache du bourreau ; avec cette différence que la persécution fait vivre long-temps les partis, tandis que le ridicule les écrase tout d'abord.

Je ne dirai rien des désordres et des désolations apportées dans la Flandre par l'hérésie nouvelle. Ces soulèvemens du peuple, ces horribles réactions, ces pillages, ces incendies, ces profanations d'églises ayant plutôt frappé le pays voisin que notre ville elle-même, j'en laisserai lire les détails dans les histoires spéciales, et surtout dans les chroniques ecclésiastiques qui y ont trait plus directement.

Nous arrivons ainsi à l'élection de Louis de Berlaymont en remplacement de Maximilien de Berghes mort d'apoplexie le 29 du mois d'août 1570.

Après les cérémonies religieuses usitées pour la réception de l'archevêque, Louis de Berlaymont, sous le costume des ducs de Cambrai, (ce costume était un riche vêtement de velours violet), prêta selon la coutume le serment solennel des ducs de ce pays, au milieu du *magistrat*, nouvellement élu à cause de la mort de Maximilien de Berghes. « Et proumit, dit le manuscrit, de garder ses manans en tous droits et magniers (habitudes, possessions) accoutumez. » Puis ce fut, comme d'ordinaire, distributions d'or et d'argent, réjouissances et festins, en un mot une de ces fêtes que j'ai eu précédemment l'occasion de décrire. Je vais maintenant vous conter comment Bauduin de Gavre, baron d'Inchi, escamota la citadelle, de la plus leste manière du monde, au profit des états du pays confédérés contre les Espagnols.

Voici le fait. Les états du Brabant, de la Flandre, de l'Artois et du Hainaut s'étaient unis au prince d'Orange pour maintenir leurs priviléges contre les Espagnols qui menaçaient d'y porter atteinte, et avaient, pour cela, trouvé tout naturel de les chasser du pays. Or parmi les obstacles que rencontrait cette mesure de sûreté, s'élevait en première ligne le baron Derlique, gouverneur de la citadelle de Cambrai au nom du roi d'Espagne.

C'était un entêté baron que celui-là, un homme qui se persuadait que le serment politique est chose sacrée, que quand on a juré fidélité à son prince on est tenu de lui rester fidèle, bref c'était un homme comme l'on n'en voit plus.

Le gouverneur refusa donc toute espèce de proposition. Il avait cependant dans le pays un ami intime, Bauduin de Gavre, gouverneur de Bouchain, qui essaya vainement aussi de le gagner à la cause des confédérés. Voyant que les raisonnemens et les séductions ne pouvaient rien sur la conscience du gouverneur, le rusé Bauduin s'avisa d'autres moyens : il travailla sourdement à se ménager des intelligences dans la place, puis, un beau jour, arriva avec son lieutenant et une faible escorte demander sans façon à dîner à son ami Derlique.—C'était, parbleu ! une fort belle partie pour monsieur le gouverneur, car vous saurez que monsieur le gouverneur unissait aux qualités de l'homme intègre celles du joyeux gastronome, et qu'il buvait à la santé du roi tout aussi volontiers qu'il se serait battu pour lui. Du reste l'ami Bauduin s'exécuta de fort bonne grâce et but aussi à la santé de l'Espagnol. Il eut eu bien des jours à vivre.... il vivrait encore le roi d'Espagne, si tous les toast qui lui furent portés lui avaient valu quelques heures d'existence. On buvait, on buvait, et l'officier du roi tenait tête aux buveurs. Hélas ! bientôt la sienne s'obscurcit, se troubla, il fallut lui faire prendre l'air, et pour aller plus vite, on le plaça sur une voiture légère qui, sortie par une porte de derrière de la citadelle, l'emporta, sous bonne escorte, prisonnier à Bouchain. Quant à son ami Bauduin de Gavre, baron d'Inchi, muni du diplôme des états qui l'établissait gouverneur de la citadelle, il prit très sérieusement possession de sa nouvelle charge et changea toute la garnison pour en avoir une qui lui fut entièrement dévouée : 1576.

Si le tour parut plaisant, il faut dire du moins qu'il n'était pas tout-à-fait loyal : prendre ainsi la place des gens que l'on a fait enlever ou chasser, est une plaisanterie qu'on ne se permet plus aujourd'hui qu'entre cousins, et encore, pour cela, faut-il être très haut placé !

Ce n'était pas assez que d'être maître de la citadelle : le baron d'Inchi, poussé par Marguerite-de-Valois, reine de Navarre, dont les gentilles façons avaient au suprême degré l'art de persuader, voulut se rendre maître de la ville, afin de la livrer au duc d'Anjou (ou d'Alençon) frère et protégé de cette princesse. En conséquence, il vint un jour sur la place accompagné de vingt hommes d'armes, et fit un très beau discours où il protesta de son dévoûment aux habitans de Cambrai, et du désir qu'il avait de les protéger contre la domination toujours menaçante de l'Espagne. Il conclut, en demandant le renouvellement du magistrat dont tous les membres, disait-il, ne lui offraient pas des droits égaux à sa confiance.

Le magistrat était, comme l'on sait, la réunion des échevins, espèces d'officiers municipaux à qui était confiée l'administration de la ville.

Ce que demandait le baron d'Inchi lui fut accordé : le magistrat fut renouvelé. Alors on poussa plus loin les exigences, on voulut mettre garnison dans la ville; mais cette proposition ne fut pas accueillie, bien qu'elle plut à la populace. Plusieurs échevins en allèrent conférer avec l'archevêque duc de Cambrai qui était au château-cambresis, (le Câteau); démarche inutile, car sur les entrefaites, le baron, suivi d'un corps de cavalerie, se présenta à la porte du Malle et fit demander aux bourgeois s'ils voulaient recevoir la garnison qu'il amenait. L'autorité répondit non, et fit fermer la porte; le petit peuple répondit oui, et montra ainsi à la garnison qu'elle ne serait pas mal reçue.

En conséquence, sur l'ordre du gouverneur, les cavaliers allèrent entrer par le pont de derrière de la citadelle, et de là descendirent à toute bride dans la ville où ils prirent leurs logemens chez les chanoines et dans les abbayes, mettant tout au pillage. « Et le petit peuple qui les suivait lors bien joyeux, criait à miche ! à miche sur ces chanoines !

C'est ainsi que l'entreprenant baron se trouva maître de Cambrai, qu'il livra plus tard au duc d'Anjou. Or cela ne se fit pas sans grandes difficultés, car les Espagnols qui la tenaient investie, n'en laissaient approcher personne. Il est vrai que le seigneur d'Inchi avait chassé de la ville tout ce qui demeurait attaché à l'Espagne : l'archevêque, les couvens et grand nombre de bourgeois ; mais les officiers du duc n'y pouvaient arriver.

Enfin Balagny plus heureux pénétra dans la place : ce fut l'époque des plus affreux malheurs. Le duc de Parme, successeur de don Juan, gouverneur des Pays-Bas et chef des armées d'Espagne, vint en personne faire le siége de Cambrai ; et par des forts qu'il fit bâtir aux alentours : à Marcoing, Crèvecœur, Vaucelles, Lesdain, Nave, Ecaudœuvres et autres villages, ferma si bien les avenues aux Français, qu'il leur était impossible de faire parvenir à la ville aucun convoi. Un tel état de choses devait nécessairement amener la famine qui en effet se présenta bientôt hideuse et terrible avec tout son cortége de souffrances et d'atrocités. Le pain manqua tout à fait, la viande devint si rare qu'une vache se vendait trois cents francs, et pour le temps, c'était un prix énorme ; une brebis cinquante francs ; un œuf, quarante sous, et le sel, huit sous l'once. Enfin tout cela manqua, et alors on mangea les chevaux, les chiens, les chats et les rats.

Je ne mettrai pas sous vos yeux, mes amis, les horribles tableaux de ces mauvais jours ; il y a des choses qui font mal à écrire. Disons de suite que le duc d'Anjou, comprenant l'épouvantable extrémité où sa nouvelle ville se trouvait réduite, tenta à tout prix de la délivrer. Il s'avança le 15 d'août 1581 avec toute son armée, et se trouva vers le soir en vue de l'ennemi qui, effrayé du bel ordre et du nombre des soldats libérateurs, trouva prudent de lever le siége, et après onze mois de blocus, se retira vers Valenciennes, abandonnant tous ses forts détachés.

Ce fut en cette occasion que le vicomte de Turenne, père du grand Turenne, et l'un de ses frères d'armes, s'étant trop aventurés en cherchant à pénétrer dans la ville, furent faits prisonniers par les Espagnols.

Dès le soir même le duc y fit entrer un grand convoi de vivres, et le lendemain, il y entra lui-même, en belle tenue de chevalier au milieu des acclamations et de la joie de toute la cité. Nos bourgeois, libres et indépendans avant tout, lui demandèrent le serment de maintenir leurs anciens priviléges et leurs vieilles coutumes, ce que fit le duc à la satisfaction du peuple qui se mit en liesse. Aussi ne prit-il que le titre de protecteur de la ville et du pays; il n'était souverain que de la citadelle.

Du reste pour s'assurer la possession de cette forteresse, il fit consentir le baron d'Inchi à en céder le gouvernement au sire de Montluc, seigneur de Balagny. Cela se fit d'une si singulière manière que je ne puis m'abstenir de vous en parler, bien que ce ne soit qu'un accessoire peu important à notre histoire.

Le duc dit un jour au baron, qu'il voulait lui faire l'honneur de dîner chez lui, (dans la citadelle), sans éclat et sans suite, pour lui donner une marque de sa haute bienveillance et de son amitié. Le baron enchanté d'une pareille faveur s'y prêta de la meilleure grâce possible. Il se rappela peut-être bien à ce propos le dîner-conspirateur que quelques années auparavant il avait fait en ce même lieu avec le pauvre Derlique, mais ne se doutant point que semblable tour l'attendait, il n'en fit probablement que rire. Et d'ailleurs le prince devait venir sans suite, et se fiait à lui, seul et en vrai camarade. En effet, au jour pris le duc arriva avec une escorte qu'il laissa hors de la citadelle. Bienveillante et gracieuse fut l'entrevue, belle et animée fut la fête, jusqu'à ce que, au milieu du repas, un écuyer vint dire quelques mots à l'oreille du baron qui répondit en son patois flamand : « Hé bien ! hé ! qu'on les laische cintrer, il n'y a mis deinger, m'est à vir. » Puis se tournant vers le duc : « Mon chieur, che chont les gardes de votre Altesse qui veulent cintrer, et ch'est bien fait, car vous avez tout pouvoir chiens (céans). »

Ce n'était rien en effet que l'entrée de quelques hommes dans la forteresse. Mais bientôt de nouvelles troupes se présentent, nouvel avis en est donné au gouverneur qui fait même réponse. Et pourtant il commençait à réfléchir, lorsque l'écuyer revint encore, et puis encore, et puis encore. Oh ! pour le coup, le baron n'y tint plus, et voyant sur le visage du prince se dessiner un rire perfide et sardonique. « Hé ! commeint ! s'écrie-t-il en fureur, commeint chela ? éteindre le mesche de mes geins, et désarmer ma soldatesque ? Hé chela ! n'est mie la raison ; hé ! mon chieur, hé ! qu'esche chechy ? Je ne pense mie que votre Altesse einteinde chela ; car je ne l'ai mie déchervie : che cheroit me faire trop de tort et mal récompeincher mes cherviches. » Et le duc riant toujours : paix ! paix ! mon cher baron, ce n'est rien je vous le jure, je mettrai ordre à tout cela, avant que de partir.

En effet, lorsque ses troupes furent en possession de la place, il lui annonça qu'en échange de la citadelle de Cambrai, dont il n'était que gouverneur, il lui donnait en propriété la ville et le duché de Château-Thiéry. Cela ne fit point l'affaire de l'ex-gouverneur, qui dut pourtant prendre son parti, en grimaçant, et quitta les larmes aux yeux ce gouvernement qu'il venait de perdre à peu près de la même façon qu'il l'avait acquis.

Avis à ceux qui prennent la place d'autrui.

Le baron d'Inchi périt quelque temps après, dans une escarmouche.

Le sire de Balagny, orgueilleux et felon seigneur, profita des troubles qu'excitèrent, à la mort d'Henri III, les prétentions du roi de Navarre à la couronne de France : et lui, l'impudent gouverneur, qui vivait en guerre ouverte avec le clergé, refusa de reconnaître Henri IV, sous le prétexte hypocrite que ce prince était huguenot. Ce n'était, je le répète, qu'un prétexte dont il chercha à colorer la plus infâme usurpation; car il s'érigea, de par lui-même, en souverain de Cambrai.

Il se rendit odieux à la cité, redoutable au pays où il vivait plus en corsaire qu'en chevalier; en horreur au clergé qu'il tenait exilé, fesant exercer des semblans de religion par des prêtres à lui, et dont il n'avait à craindre ni la conscience, ni la justice.

Vous savez tous, mes amis, comment le bon roi Henri conquit son tant plaisant royaume de France, et dissipa cette ligue qu'il ne punit que par des bienfaits; vous savez tous aussi qu'il était galant autant que vaillant, le bon roi Henri, et qu'une femme jolie, par d'avenantes et grâcieuses façons, pouvait beaucoup sur son cœur tout chevaleresque.

Vous le savez... la dame de Balagny le savait aussi. Or quand il fut démontré que les ligueurs avaient perdu la partie, la dame de Balagny qui était une excellente épouse, et qui craignait pour son mari le ressentiment du roi, alla par une belle nuit, trouver l'indulgent monarque, et le pria si bien, qu'elle rapporta, à son maître et seigneur, et le pardon royal et le bâton de maréchal de France, et, ce qui valait mieux encore, la principauté de la ville ainsi que du pays : le tout à la seule charge de l'hommage du *baise-main*.

N'est-ce pas que le roi de France était un roi bien généreux?... cela se passait en 1594.

« Ainsi, dit le père Daniel, par un effet des plus bizarres de la fortune et du désordre des guerres civiles, le bâtard d'un évêque, que sa seule naissance devrait tenir dans le plus bas lieu, devint non-seulement maréchal de France, mais encore prince souverain. »

Ce fut à cette époque qu'Henri IV fit, dit-on, un court séjour à Cambrai.

Balagny au comble des honneurs et de la puissance, n'en devint que plus avide et plus cruel; aussi quand les Espagnols, l'année suivante, se présentèrent devant Cambrai, vit-on toute la cité et le pays favoriser leurs armes et se tourner contre les troupes du féroce exacteur. Au premier bruit de ce mouvement, Balagny effrayé n'osa paraître devant le peuple, sa femme alors se montra digne du poste élevé qu'elle occupait : elle descendit sur la place, une pique à la main, et bravant les murmures et la tourmente du peuple, employa prières, promesses et sermens, pour conjurer la tempête. Mais il n'était plus temps; le peuple lassé de l'oppression, voulait devenir libre sous l'ancienne domination de ses chefs et de ses évêques : il secoua la tête, et c'en fut fait de la tyrannie.

La dame de Balagny, femme ardente, hautaine et passionnée préféra la mort à une déchéance, et voulut se poignarder; on arrêta son bras, mais la douleur et la rage frappèrent plus juste que le fer. Elle expira moitié de faim, moitié de désespoir, en disant cependant *qu'elle mourait heureuse, puisqu'elle mourait princesse.*

Quand à Balagny, on dit que, lâche comme le sont les gens de sa sorte, il n'osa sortir visiblement de la citadelle, et qu'il se fit coudre dans un cheval éventré, qu'on emporta ensuite, sur un traîneau, vers quelque champ éloigné. Il semble que quand ils ont le courage de leur caractère, on trouve dans le cœur, pour ces détestables parvenus un peu de pitié et de pardon, mais c'est une espèce de consolation que souvent ils vous enlèvent par leur ignoble lâcheté, et leur vile pusillanimité dans les revers.

Il ne mourut donc pas lui; et chercha plus tard, dans les bras d'une belle fille de Cambrai, l'oubli de ses grandeurs passées et de sa courageuse épouse.

Pour terminer cette lettre à peu près comme un roman, où tout s'arrange au mieux, où chacun finit par être content, si ce n'est le traître que l'on chasse; je dirai en peu de mots que l'archevêque revint après dix-huit ans d'exil, dans sa ville de Cambrai, au milieu des expressions les plus énergiques de joie et de bonheur; que le peuple pour s'assurer une protection plus forte et plus efficace se donna au roi d'Espagne, Philippe II, sous la réserve de toutes ses libertés et prérogatives (1595), et que notre beau pays trouva enfin après bien des vexations, des jours de repos et de bien-être.

Louis de Berlaymont fut le dernier des évêques qui battit monnaie. Il fit réviser et mettre en ordre les coutumes de Cambrai, qui n'étaient alors qu'un assemblage assez confus de lois bizarres et incomplettes. C'est lui qui fit construire cette porte long-temps appelée de son nom, et qu'on désigne aujourd'hui sous le titre de *porte-neuve* quoiqu'elle soit une des plus anciennes de la ville, et fermée depuis longues années. Elle avait été faite pour remplacer la porte Saint-Ladre détruite lors de la construction de la citadelle, la porte Saint-Ladre était à peu près à l'endroit où l'on a ouvert, depuis, la porte de secours, et correspondait au faubourg qui conserve ce nom.

7

Septième Lettre.

Peste de 1595. — Vanderburch. — Siège de Cambrai par le comte d'Arcourt. — Siège de Cambrai par Turenne. — Peste de 1663. — Louis XIV prend Cambrai. — Premiers chars de triomphe. — Fénélon. — Translation du Parlement de Tournay a Cambrai. — Disette de 1709. — Fin.

J'ai souvent, dans mon esprit, comparé celui qui écrit l'histoire à un pauvre pélerin qui, le bâton blanc à la main, va pieusement visiter les diverses annales des peuples, les parcourt lentement et en tous sens ; interroge, chemin faisant, les poudreux chroniqueurs, les naïves traditions, les ruines qui s'effacent, les monumens qui s'élèvent ; fait ample moisson des dits des vieillards, des légendes populaires, et puis revient, la besace pleine, égayer ou effrayer de ses récits les foyers modernes de nos modernes moutiers.

Que de jouissances ! mais aussi que de douleurs dans ces longues et laborieuses études du passé ! avec quel bonheur on sourit aux prospérités du vieux pays que l'on aime ! avec quel serrement de cœur on traverse les jours mauvais de la patrie ! Pour moi, mes amis, pour moi modeste pélerin qui l'ai quittée en 1595 heureuse et paisible, je la retrouve l'année suivante livrée aux horreurs, à la dévastation d'une affreuse épidémie, et sans ajouter entièrement foi à ce vieil écrivain qui nous dit qu'il périt alors dix-huit mille victimes, ce qui dépasse évidemment le nombre probable, nous devons croire du moins que les tombes furent nombreuses, qu'il coula bien des larmes.

Mais jetons un voile sur ces temps de malheur et cherchons plus loin des souvenirs consolans.

Après quelques archevêques dont la vie n'offre rien d'intéressant, nous apparaît François Vanderburch en l'année 1615. Vanderburch admirable, immortel prélat, humble et modeste dépositaire des pouvoirs du très haut ! Il fut profond philosophe, éloquent orateur ; il eut des consolations pour le malheur, des secours pour l'indigence. Parler de Vanderburch, c'est citer des bienfaits, des œuvres de charité ; son histoire, c'est celle des églises qui s'enrichissent de superbes ornemens, des chaumières qui s'élèvent pour couvrir le pauvre du village; c'est la dotation d'une école dominicale, autrefois fondée par maître Standon; c'est l'ouverture d'une maison protectrice où cent jeunes filles vont s'élever à l'abri des orages du monde, par les largesses du vertueux archevêque. Bénissez, jeunes vierges, bénissez sa mémoire, et venez dans la chapelle de S$_{\text{te}}$-Agnès jeter des couronnes de fleurs sur le mausolée de ce père des pauvres. C'est à l'exemple et sur le plan de votre maison d'asile, qu'un jour Louis XIV ouvrira, pour les demoiselles nobles et sans fortune, la maison royale de St-Cyr.

Indulgent comme la religion elle-même, le bon prélat sut cependant montrer de la sévérité pour ses ministres; par lui fut énergiquement réformée la discipline de son église, au moyen d'un synode provincial, convoqué en 1631.

Il mourut en 1644.

On remarque au commencement du dix-septième siècle un progrès sensible dans l'importance de notre ville. Les espagnols l'avaient fortifiée alors de telle sorte qu'elle était réputée imprenable. Divers ordres religieux tels que les jésuites, les clairisses, les capucins venaient d'y être introduits; (les carmes déchaussés vinrent bientôt après). De nombreux écoliers y cherchaient l'instruction, la population réparait les pertes que les épidémies lui avaient fait éprouver. Enfin Vanderburch arriva qui fit briller l'église d'une religieuse splendeur. L'amour des beaux arts s'y développait avec succès.... c'était presque une renaissance.

Alors aussi fut apporté à Cambrai le fameux tableau de Rubens, représentant une descente de croix. Ce chef-d'œuvre que l'on voit maintenant dans l'église de St-Aubert, fut acheté et donné aux capucins, en 1616, par un chanoine de Notre-Dame, nommé Sébastien Briquet. Mais il n'existe plus intact ; Rubens avait fait le christ nu, plus tard une main étrangère jeta sur ce tableau un voile que la décence crut devoir imposer.

Notre cité si belle et si florissante, attirait bien naturellement les regards de la France ; aussi durant les guerres de la Fronde, le cardinal Mazarin, ce second roi de France, envoya-t-il le comte d'Arcourt à la tête d'une puissante armée pour en faire le siège. (24 juin 1649). Mazarin se flattait du succès de cette entreprise, mais les espagnols jettèrent du secours dans Cambrai, et le général fut forcé d'en lever le siège, (le 5 juillet suivant).

Pareille aventure advint encore en 1657. Cette fois l'armée française était commandée par le vicomte de Turenne qui par d'adroites manœuvres, ayant fait dégarnir la place, et attiré au loin les troupes qui y résidaient, vint subitement l'investir avec toute son armée. La garnison se réduisait alors à une cinquantaine de cavaliers, et quelques vétérans. Ajoutez à cela que le gouverneur était en fort mauvaise intelligence avec les bourgeois qui n'étaient pas éloignés de livrer la ville. Tout en un mot promettait un succès aux armes de Turenne.

Cependant, le gouverneur avait fait demander du secours à celui qui commandait dans Mons, et l'officier chargé de cette mission, s'y transportait en toute hâte, lorsqu'il fit heureusement rencontre du prince de Condé qui avait près de là, donné rendez-vous à toute sa cavalerie.

Vous savez que le prince de Condé, mécontent, et pour cause, de la cour de France, s'était jeté momentanément dans les Pays-Bas, où il soutenait le parti de l'Espagne.

Ce grand capitaine informé du danger qui menaçait la ville de Cambrai, se hâta donc de passer la revue de ses troupes, et les mit aussitôt en marche, sans les informer de son dessein. Ce ne fut qu'à l'entrée de la nuit, et au moment de traverser des bois obscurs, qu'il les prévint du but de l'expédition. Cette nouvelle accrut le courage des soldats qui, après bien des obstacles et quelques escarmouches, parvinrent à traverser les lignes ennemies et à pénétrer dans la place, au nombre de dix-huit escadrons. Alors il n'y eut plus d'espoir pour Turenne, et l'armée Française fit encore une fois retraite.

La ville de Cambrai, pour témoigner sa reconnaissance au

grand Condé, fit frapper une médaille portant cette légende :

VIRGINI SACRUM ET CONDEO LIBERATORI.

Quelques années après nos malheureux Cambresiens eurent encore à souffrir des ravages d'une peste apportée de St-Omer par des cavaliers espagnols (1663). Ce fut dans l'auberge de la Bombe, sur la Place-au-Bois, qu'ils déposèrent ce terrible fléau. Vainement on interdit l'entrée de cette maison, vainement on prit mille mesures sanitaires ; un mal pareil traverse les barricades.

C'était un triste spectacle que celui de cette ville alarmée, où l'on voyait errer comme des spectres redoutables les malheureux convalescens, condamnés à porter à la main une baguette blanche, signe d'effroi pour ceux qui les rencontraient. Lorsque apparaissait une de ces baguettes menaçantes, chacun se détournait, s'éloignait en frémissant, mais hélas! on rencontrait plus de noirs cercueils que de blanches baguettes. Huit mille personnes périrent de cette épidémie, qui se confina dans la ville et n'exerça aucune rigueur dans le pays d'alentour.

Je ne vous parlerai plus des archevêques de Cambrai, dont le rôle politique s'était fort simplifié. Le titre de duc qu'ils portaient encore les rattachait bien à l'administration, mais ne leur donnait point un droit absolu sur la cité. Les pouvoirs civils étaient devenus indépendans de l'église, et les prélats, humblement retirés dans leur vie spirituelle, y réparaient, par des vertus et des exemples admirables, les scandales trop souvent donnés par leurs anciens prédécesseurs. Fénélon seul me fera rompre le silence, lorsqu'il figurera à son tour, parmi les illustrations qui brillèrent si vives et si fécondes dans le siècle du grand roi.

Louis XIV ! à ce nom magique l'ame s'émeut, le génie s'élève, la plume de l'historien s'anoblit ; puis tout à coup ; un sentiment rêveur succède à l'anthousiasme, on songe qu'avec lui s'éteignirent toutes les gloires de la monarchie française, et l'on sourit de pitié à l'aspect des mesquines et bourgeoises royautés du jour.

Que je suis heureux, mes amis, d'avoir aussi, moi, dans la très modeste histoire de mon vieux village, le nom du grand roi à citer ! C'est avec lui aussi que finira cette histoire ; il semble qu'il soit placé dans le monde comme le dénouement merveilleux d'une foule de brillans poëmes : après Louis XIV, l'histoire de France dégoute ou fait souffrir. Après lui plus rien de poétique, plus rien de chevaleresque, plus rien des vieux temps : c'est une ère nouvelle qui commence, c'est un roman nouveau inachevé, effrayant, dont la péripétie est encore un mystère.

J'arrive à la prise de Cambrai par Louis XIV.

La tranchée fut ouverte devant la ville, en présence du roi lui-même le 28 mars 1677, et le 4 du mois d'avril, le roi la reçut à capitulation. La garnison composée de quatre mille hommes se retira dans la citadelle où elle tenta de résister, mais les armes françaises l'emportèrent: deux bastions s'écroulèrent et le gouverneur ne voyant plus de défense possible, rendit la place, demandant pour toute faveur, la permission de sortir par la brèche avec sa garnison, afin de montrer qu'il n'avait cédé qu'à la dernière extrémité.

Louis XIV qui s'entendait en sentimens d'honneur, accueillit cette demande. Il voulut voir *grand-père* des Croates, c'est ainsi que le peuple appelait le colonel d'un régiment de Croates, qui à la tête de ses hommes et des autres troupes, s'était signalé dans plusieurs sorties durant le siége. Il offrit à ce brave un emploi élevé dans son armée, mais le vieux guerrier répondit aussitôt qu'il ne connaissait qu'un Dieu et qu'un roi, et partit avec son régiment.

Honneur! toujours honneur à un tel caractère!

La ville prise, le roi fit savoir aux bourgeois qu'ils eussent à mettre à leurs portes les armes dont ils étaient munis; l'ordre du roi fut exécuté et les armes déposées à l'arsenal de la citadelle. « C'est ainsi, dit un vieil auteur, que les bourgeois qui avaient toujours porté les armes pendant la souveraineté des archevêques et du temps des espagnols, furent obligés de quitter leurs arquebuses et leurs mousquets. »

Dès cette époque, Cambrai n'a plus cessé d'appartenir à la France ; alors la ville historique s'efface, et disparaît sous le flot immense de ce vaste pouvoir : son existence, c'est celle de ses mille sœurs, elle vit de cette vie commune et uniforme que ses nouveaux destins lui ont à jamais imposés.

Elle conserva néanmoins ses anciens usages, car s'il est facile de donner des lois à un peuple, il ne l'est pas de changer ses mœurs, d'effacer ses souvenirs. On voit en effet que le 11 du mois d'août 1694, anniversaire du trépas de St-Géry, on fit encore la procession qui avait lieu tous les cent ans en souvenir de ce saint. Les bourgeois ne négligèrent rien de ce qui pouvait la rendre magnifique, et c'est à cause des détails qui vont suivre que j'ai cru devoir vous parler de cette cérémonie où pour la première fois parurent à Cambrai des chars de triomphe. On y voyait plusieurs de ces chars : l'un représentait le mont des bœufs où St-Géry terrassa le paganisme, d'autres offraient diverses allégories à la gloire de St-Géry, puis un dernier char portait les reliques de ce grand saint, avec une foule d'enfans habillés en ange. Le cortége était formé par des hommes sauvages, des écoliers vêtus à la romaine, une troupe de sibylles et des compagnies bourgeoises à pied et à cheval, qui faisaient de nombreuses décharges de mousqueterie. Enfin toute cette pieuse mascarade alla se dissoudre dans la cour de l'archevêché ; et, aux cris mille fois répétés de vive le roi, vive l'archevêque ! le peuple se mit à vider des tonnes de bierre que le prélat, M. De Brias, avait fait préparer en façon de remerciment.

Vous voyez comme, alors encore, ces hommes des vieux jours mêlaient naïvement les plaisirs profanes aux solennités de la religion, tant il est vrai de dire que la malice seule du siècle a rendu tout cela incompatible.

Enfin voici venir le plus illustre archevêque de Cambrai (1695). François De Salignac De Lamothe De Fénélon, nommé par Louis XIV à ces fonctions si long temps remplies avec éclat par de nobles prédécesseurs. Ce fut par une humilité remarquable, par une simplicité sans exemple, que ce digne archevêque éclipsa la glorieuse suite de prélats dont Cambrai s'honorait. Tout le monde connaît sa vie et ses ouvrages; tout le monde sait qu'il vint, sans bruit et sans faste, prendre possession de son siège et de son duché; tout le monde a entendu parler du fameux ostensoir, monument de sa docilité aux décisions de l'église; de ses largesses durant la disette de 1709: de la disgrâce que lui valurent de la part de Louis-le-Grand, certaines leçons que le roi n'avait pas demandées à l'archevêque. Je ne dirai donc rien de cet homme qui fut grand, il est vrai, mais dont la renommée a au moins égalé le mérite. Il mourut en 1715. C'est de son temps que furent introduits à Cambrai, ces anges en vêtemens de femmes qu'on nomme à si juste titre les sœurs de la charité.

A cette époque fut achevée la nouvelle église de St-Sépulcre qui nous sert maintenant de cathédrale, alors elle avait un clocher. Et à propos de monument, je vous conterai qu'un jour en 1704, la tourelle de l'horloge de l'hôtel-de-ville fut brûlée d'une singulière manière : une étincelle échappée à un feu de joie qu'on avait allumé sur la place en face de l'édifice, vint tomber dans un nid d'oiseau renfermé dans la tourelle; à l'instant le nid prit feu, et causa l'incendie. Cette tourelle fut restaurée sur le même plan, et existait encore à la fin du siècle dernier, (1786) lorsqu'une façade moderne s'éleva, comme une décoration de théâtre, devant les différens bâtimens qui formaient l'hôtel-de-ville, et changea en un monument uniforme, ce bizarre mais élégant assemblage de constructions gothiques.

Ce fut dans notre hôtel-de-ville, qu'après la prise de Tournai, par les armées alliées, (1709), le parlement, que le roi y avait érigé, vint tenir ses séances, ce qui eut lieu jusqu'en 1713, époque où il fut fixé à Douai.

L'année 1709 qu'on a appelée la chère année, à cause de la famine qu'occasionna son fatal hiver, fut une année de désastres pour la France. La journée de Malplaquet vint y mettre le comble. Aux horreurs de la famine qui disparaissait à peine dans Cambrai, cette malheureuse ville vit se joindre toutes les horreurs d'une défaite guerrière. Je ne vous donnerai point les affreux détails de ces tristes événemens : tous, nous avons vu les suites de la journée de Waterloo... Malplaquet ! Waterloo ! ces deux mots sont écrits dans l'histoire avec le sang de la France ! Cambrai en a été arrosée, Cambrai a servi de cimetière à mille bravos que n'avait pas achevés la lance de l'ennemi. Pauvres Français ! la gloire leur a quelquefois coûté cher !

Cependant la victoire de Denain vint changer la fortune de la France, et la paix fut signée le 11 avril 1715. A cette occasion, on déploya avec un nouveau luxe tout l'appareil de nos fêtes triomphales ; je n'en donnerai point le programme, pour ne pas sortir des limites étroites que je me suis imposées.

Deux ans après, Cambrai était en deuil et du roi et de l'archevêque : de Louis XIV et de Fénélon ; toutes les grandeurs s'éteignaient à la fois. Je l'ai dit : c'est là que je m'arrête ; car c'est là que, selon moi, s'achève l'histoire de Cambrai ; plus loin c'est de l'histoire de France. J'aurais pu consacrer quelques pages aux nombreux établissemens, aux divers édifices, aux illustrations littéraires et artistiques de notre cité, mais cela m'aurait entraîné dans des détails que j'ai voulu éviter ; car j'ai écrit pour tout le monde : j'ai voulu que l'humble artisan, au coin de son obscur foyer, comme la jolie dame, dans son riche boudoir, pussent, sans trop de frais de temps et de patience, parcourir les vieilles rues, visiter le vieux peuple de leur ville natale. Puissé-je du moins en mettant cette histoire à la portée de tous avoir fait naître le désir de la connaître, avoir mérité, pour l'avenir, quelques encouragemens.

Adieu ! donc, Cambrai l'antique, Cambrai la guerrière; la fille libre, l'enfant poétique des carrières de Flandre; adieux joyeux et vaillans bourgeois, moines valeureux, chevaliers troubadours : grande famille illustrée par les arts, la gloire et le génie; adieu Cambrai la vieille patrie si douce à' nos pensées, à nos rêveries, à notre amour !.... Place à la France !.... la voilà qui de son pied t'écrase, t'oppresse, te domine, tu n'as plus une vie à toi; plus une histoire à toi, plus une fortune à toi; tes destinées sont liées aux destinées de la France, tes annales premières sont un grand souvenir qui passera comme tous les souvenirs.

www.ingramcontent.com/pod-product-compliance
Lightning Source LLC
Chambersburg PA
CBHW070530100426
42743CB00010B/2024